CATOLICISMO Y LIBERALISMO ECONÓMICO

EN RECUERDO DE JUAN DE MARIANA SJ

Pº Pamplona, 1, 7º
50004, Zaragoza
www.sibirana.com
info@sibirana.com
Diseño y maquetación: Carlos Rodríguez —Trifolio—

Impresión: Tipolínea
ISBN: 978-84-129433-0-6
Depósito Legal: Z 1803-2024
Impreso en España

CATOLICISMO Y LIBERALISMO ECONÓMICO

EN RECUERDO DE JUAN DE MARIANA SJ

LUIS IGNACIO LEACH ROS

COLECCIÓN
ARGUMENTOS

A María, con la que comparto lo más importante de nuestra vida, dándole permanencia y trascendencia. Trasparentas la virtud de la misericordia. Nada en mí ya se entiende sin ti, gracias a Dios, todo lo nuestro es ya obra común.

PRÓLOGO

Juan de Mariana, ¿economista o jesuita?

¿Un baile de liberalismo y misericordia?

¿Innovación, obsolescencia y contabilidad?

Estás frente a un libro único. Un libro que es el resumen del pensamiento de Luis Leach. Resumen de sus reflexiones tras una vida fecunda que supera ya los sesenta años.

Luis te va a contar cómo el liberalismo no necesita al Estado para ser social. Cómo el liberalismo es social por su propia definición, por sus principios y por su orden interno de libertad abierta hacia los demás. Por eso, en afortunada expresión suya, «el liberalismo es un baile entre la libertad y la misericordia. Una libertad misericordiosa: una libertad al servicio de los otros».

Entre las muchas cosas que es y que sabe, y que no pienso adelantarte, Luis es un experto en la vida y obra del padre Juan de Mariana, no sólo como economista, sino sobre todo como sacerdote católico. Y como Jesuita. Ya que Juan de Mariana fue ante todo un gran Jesuita. Y por ello, por amor a la Compañía, fue su primer miembro díscolo: escribió todo un discurso sobre la organización y las formas de gobierno en la Compañía de Jesús, que tituló: «Las enfermedades de la Compañía». Mariana estaba en contra de que los superiores y provinciales se eligieran desde Roma, sin contacto con la realidad local, provocando que los elegidos no fueran los mejores sino los más dóciles al poder. A Mariana no le temblaba el pulso ni cuando se dirigía a sus superiores ni cuando se dirigía a Felipe III. Y así acabó encarcelado.

La parte más original del pensamiento de Luis es la aproximación que hace al proceso de destrucción creativa desde el punto de vista de la contabilidad y la creación de valor. Me ha gustado, leyendo esas páginas, percibir la influencia de su padre, Federico Leach Albert. Luis: me has hecho buscar en internet sobre su vida y obras. Y he sentido admiración. Y envidia.

Luis expone cómo, para que una empresa pueda seguir funcionando y estar al día, necesita todo el tiempo renunciar constantemente al beneficio presente para invertirlo en innovación, tecnológica y no tecnológica. Y para pagar bien a quien le ayuda a conseguir esas innovaciones y ponerlas en práctica, creando y difundiendo riqueza a su alrededor en la sociedad.

Cuando una empresa busca maximizar su beneficio sin atender a las innovaciones, tarde o temprano notará que ha amortizado sus inversiones demasiado lentamente: la innovación constante de competidores y sustitutos hace que sus servicios y productos se queden obsoletos. Y entonces, la empresa, debe «minorar el beneficio privado (amortización por obsolescencia) en favor del resto de trabajadores (nuevos y mejores sueldos) y del resto de la sociedad (impuestos, seguridad social, nuevos servicios, nuevas empresas)». Por eso, concluye Luis, «los empresarios que subsisten no son los que maximizan su beneficio sino los que maximizan el valor añadido de toda la sociedad».

El liberalismo, o la economía de mercado propia de la civilización occidental, es capaz por sí misma no sólo de crear riqueza, sino de repartirla y distribuirla como ningún otro sistema económico y político ha sido capaz nunca.

Este libro es un canto a la libertad desde el optimismo y la confianza en el hombre y en Dios.

Miguel Ángel Sanz

ÍNDICE

INTRODUCCIÓN

Escribo este pequeño ensayo con gratitud, alegría e ilusión, como resumen de mi pensamiento en una vida ya algo dilatada, cumplidos los sesenta años. Empezaré diciendo que lo que más me define ideológicamente, y en este orden, es mi fe católica, inspirada preferentemente en la espiritualidad ignaciana, y mis ideas liberales no excluyentes.

Las personas de mi generación, que empezamos a pensar en las postrimerías del franquismo, vivimos con pasión los primeros años del tránsito hacia la democracia, con un interés entusiasta por descubrir la tierra prometida que nos traería la democracia y la libertad. En este maravilloso tiempo que nos tocó vivir, en el que además éramos jovencísimos, los que tuvimos la suerte de recibir una herencia católica de fe, pasamos de creer en unos postulados católicos tradicionales, con primacía del sentido del deber sobre la libertad, a ser seducidos por otros principios morales donde la igualdad socio-comunista y la liberación de los oprimidos volvían a predominar sobre la libertad. El Dios en el que creía Franco se hizo a toda velocidad marxista. En las dos corrientes ideológicas, el orden y el deber ser tenían un peso mayor que la libertad individual. Yo tuve la suerte de ser acompañado en esta evolución por mi padre, que me previno tanto de unos como de otros, desde la moderación, y siempre me decía: «todo puede ser verdad, pero desde la buena fe y dando preferencia a la libertad». Con el tiempo he descubierto la razón que tenía mi padre, y que *la buena fe*, en las dos acepciones de la palabra buena y fe, sólo es posible desde *la libertad*. Intentar fundamentar esta afirmación será el objetivo al que dedicaré mi esfuerzo en este trabajo.

Además de los consejos de mi padre, la espiritualidad ignaciana me ayudó a encontrar en la libertad el fundamento de mi Fe; y más en concreto las conversaciones con mi tío Javier Leach, jesuita, que siempre me animó, primero, a leer temas de espiritualidad ignaciana y luego a hacer la experiencia de los Ejercicios Espirituales de San Ignacio. Allí descubrí un método que es un canto a la libertad desde el optimismo y la confianza en el hombre y en Dios. San Ignacio confía tanto en Dios y en la libertad del hombre que idea unas pautas para que nos enamoremos libre y apasionadamente de Jesucristo; y para que, como consecuencia de ello, adecuemos nuestro comportamiento al seguimiento de Jesús. En uno de los momentos culminantes de los Ejercicios (núm. 234), al final de la *contemplación para alcanzar amor* dice:

> «Tomad, Señor, y recibid toda mi libertad, mi memoria, mi entendimiento y toda mi voluntad, todo mi haber y poseer; Vos me lo distéis, a Vos, Señor, lo torno; todo es vuestro, disponed a toda vuestra voluntad. Dadme vuestro amor y gracia que esta me basta.»

El bien más preciado del hombre, lo más sagrado, el mayor regalo que Dios hace al hombre y que el hombre puede ofrecer a Dios, es la libertad. Después hay otros menores: el entendimiento, la voluntad y los bienes materiales. La libertad es la esencia del hombre y el fundamento de su relación con Dios y con sus semejantes. El cristianismo es un canto a la libertad de Dios y de los hombres. Esta libertad debe ser movida por el amor y la misericordia, es el fundamento de nuestra Fe. Parafraseando a Pedro Arrupe podríamos decir que es una libertad para los demás.

Y finalmente, además de los consejos de mi padre y la espiritualidad ignaciana, me ayudó a cimentar mi fe desde un pensamiento liberal la realidad del mundo occidental en el que vivimos. Digan lo que digan, la relación entre cristianismo y libertad es un hecho incontestable en nuestra sociedad y es una fórmula de éxito incuestionable. Me rebelo con todas mis fuerzas a callar. Quiero decirlo desde el principio: Las ideas del catolicismo y la libertad están íntimamente unidas entre sí y son la causa fundamental del mayor hito de prosperidad, justicia y bienestar que el mundo ha tenido nunca y se ha hecho realidad en la sociedad occidental de la que todavía disfrutamos. ¡Claro que el cristianismo ha influido e influye en la sociedad actual! Lo mejor de nuestro mundo es consecuencia, en gran parte, del cristianismo, que supo añadir, a la herencia greco-romana los conceptos políticos de una libertad en favor de los demás. Tenemos que defender esta civilización con fuerza, ahínco, valentía, ilusión y optimismo, porque hay fuerzas antiliberales y anticristianas que quieren destruirlas. Intentar defender los valores de nuestra civilización es otro de los motivos de estas líneas. Los valores creadores de nuestra civilización son la libertad y la misericordia; además proclamamos su unidad; el uno lleva al otro, tanto en el catolicismo como en el liberalismo.

Cuando mejor y más ha avanzado nuestra sociedad es cuando ha sabido conjugar adecuadamente *la libertad con la misericordia.* Son dos principios fundamentales para mí, tanto en la concepción del liberalismo como en la del catolicismo. Mi escrito va a intentar, parafraseando a José María Rodríguez de Olaizola, explicar el baile entre la libertad y la misericordia, que me parecen origen tanto del catolicismo como del liberalismo no excluyente. Quedan invitados al baile y el primer baile lo hacemos con *Juan de Mariana*, intelectual polifacético, controvertido en su época y en la actualidad, historiador, economista antes de que existiera la ciencia económica, jurista, brillante escritor, inspirador de la Revolución Francesa, de la Constitución Americana y del mejor liberalismo no excluyente. Mariana fue una persona que se movió siempre por principios éticos y no de conveniencia, que se inspiraron en su condición de *jesuita* y de *conocedor de la espiritualidad ignaciana.*

La figura de Juan de Mariana me parece especialmente atractiva porque todo lo analizaba desde principios éticos. Así, su acercamiento al conocimiento económico -algunos dicen al liberalismo; otros no, ya lo discutiremos- fue desde la perspectiva de los valores éticos del catolicismo, intentando siempre defender al pueblo de los desmanes de los poderosos, que eran sometidos y empobrecidos por éstos, mediante sus malas decisiones políticas y económicas: inflación, deuda, tributos injustos... políticas que sufrían los ciudadanos corrientes y especialmente los más indefensos.

Pienso que al liberalismo sólo se puede llegar por el camino de la ética y nunca por el de la búsqueda del privilegio. El liberalismo tiene unos datos económicos inmejorables, incontestables, las cuentas siempre salen a su favor, pero su relato ético es pésimo, sustentado en el beneficio, el egoísmo e incluso en la avaricia. Pero en realidad *el liberalismo es libertad y misericordia*: riqueza distribuida y repartida, como nunca se había conseguido. Espero que las próximas líneas y el acercamiento a la figura y la doctrina de Juan de Mariana nos ayuden a descubrir el atractivo y el sentido de una ética católica y liberal.

Finalmente, en la tercera parte de este escrito dejaremos patente que el orden interno, propio del liberalismo, llevará consigo no sólo a la creación de riqueza sino a su reparto y distribución en favor de toda la sociedad. La llamada «justicia social» no es una política ajena y opuesta al liberalismo sino, al contrario, incorporada al mismo. Es su gran logro, su principal característica, que nunca fue acertadamente comunicada. El liberalismo no necesita al Estado para ser «social», es social por su propia definición, por sus principios y por su orden interno de libertad abierta hacia los demás. Esto es así gracias al juego de los principios económicos que lo definen, y que allí explicaremos: la libertad innovadora, que es en sí misma misericordiosa, la obsolescencia, la maximización del valor añadido social y la correcta selección de las inversiones.

PRIMERA PARTE

ESBOZO DE UNA ÉTICA CATÓLICA: LIBERTAD, MISERICORDIA Y VERDAD

1.- LIBERTAD Y MISERICORDIA EN LOS EVANGELIOS

> «La Palabra se hizo carne y habitó entre nosotros, y hemos contemplado su gloria» (Jn 1,14).
>
> «Tanto amó Dios al mundo que dio a su único Hijo» (Jn 3,16).

La manifestación del Dios cristiano, tanto en la narración del Génesis (la maravillosa creación del mundo) como en la posterior encarnación de Jesús, es una conmovedora historia de amor cimentada en los pilares de un Dios libre y misericordioso, que transmite dichas cualidades al hombre para que las desarrolle, mejorando el mundo y la humanidad. Las cualidades del amor son la libertad y la misericordia. Son los principios del motor de Dios, del motor de los seguidores de Jesús, del motor de la humanidad; los principios que deben fundamentar la convivencia de nuestra sociedad.

La novedad máxima que introduce el cristianismo es *la encarnación de Jesús*. El Dios Amor, al ver el mundo confundido, roto y dividido, envía a su propio Hijo para redimirlo del pecado. Es un maravilloso acto de amor en el que se entremezclan actos de libertad y misericordia. Mejorando las civilizaciones judía, romana y griega, lo que añade Jesús es un compromiso vital con la dignidad de todos los hombres como hijos de Dios, todos hermanos; fundamentado en comportamientos humanos libres y misericordiosos, personas que se aman y se perdonan los unos a los otros. Encarnación, amor, libertad y misericordia son las grandes novedades que trae consigo el cristianismo. Veamos cómo la libertad y la misericordia son la clave del legado que nos regala la vida de Jesús.

Recuerdo una conferencia que escuché a Dolores Aleixandre RSCJ, en el Centro Pignatelli de los Jesuitas en Zaragoza, en la que nos manifestó que para conocer la raíz profunda del mensaje evangélico deberíamos siempre meditar el pasaje del capítulo 13 del Evangelio de san Juan, conocido como el lavatorio de los pies. Siguiendo su consejo he vuelto en muchas ocasiones a leer este pasaje y en él siempre encuentro, además de paz y consuelo, el fundamento del mensaje de Jesús. Creo que el texto tiene dos partes diferenciadas y que, a su vez, cada parte nos permite acercarnos a una de las dos virtudes fundamentales que estamos destacando no solo como pilares de la ética católica, sino también de la ética liberal, como son la libertad y la misericordia. Los dos momentos que podemos diferenciar son: primero, cuando Jesús se ciñe la toalla y lava los pies a los discípulos (Jn 13, 1-5); y el segundo. casi más importante, el emotivo diálogo que tienen Jesús y Pedro (Jn 13, 6-15). Es el momento culminante de la vida de Jesús: *sabiendo que eran los* **últimos momentos con sus discípulos más cercanos les quiso dejar de forma clara** *su principal mensaje.*

El lavatorio de los pies:

La escena del lavatorio nos muestra el comportamiento que tiene Jesús con todos nosotros y nos anima a imitarle en su misión.

> [1] Antes de la fiesta de Pascua, sabiendo Jesús que había llegado su hora de pasar de este mundo al Padre, habiendo amado a los que estaban en el mundo, los amó hasta el extremo (...)
>
> [4] Se levanta de la mesa, se quita sus vestidos y, tomando una toalla, se la ciñó.
>
> [5] Luego echa agua en un lebrillo y se puso a lavar los pies de los discípulos y a secárselos con una toalla con que esta ceñido.

El diálogo de Jesús y Pedro:

En el diálogo entre Jesús y Pedro que sigue al lavatorio, especialmente en los versículos 9 y 10, se recoge cómo cumplir la misión cristiana desde la libertad, el respeto y la comprensión del otro.

> 6 Llega a Simón Pedro; éste le dice: «Señor, ¿tú, lavarme a mí los pies?»
>
> 7 Jesús le respondió: «Lo que yo hago, tú no lo entiendes ahora, lo comprenderás más tarde».
>
> 8 Le dice Pedro: «No me lavarás los pies jamás». Jesús le respondió: «Si no te lavo los pies no tienes nada conmigo».
>
> 9 Le dice Simón Pedro: «Señor, no sólo los pies, sino hasta las manos y la cabeza».
>
> 10 Jesús le dice: «El que se ha bañado, no necesita lavarse, está limpio. Y vosotros estáis limpios, aunque no todos».

Aunque pueda parecer un atrevimiento, creo que podemos extraer algunas conclusiones, aunque sean provisionales, de este maravilloso pasaje del Evangelio, fijándonos especialmente en la actitud de Jesús y en el enjundioso diálogo que tiene lugar entre Él y Pedro.

En la primera parte, Jesús se nos muestra cercano y atento a cada uno de nosotros, asumiéndonos totalmente, con nuestras deficiencias y nuestras virtudes: nos quiere así, se arrodilla ante nosotros, nos acepta, nos cura, nos limpia incluso nuestros sucios y sudorosos pies. Es especialmente claro con Pedro, en el versículo 8: *Si no te lavo los pies, no tienes nada conmigo.* Dejarse acariciar por Jesús es fundamental para una correcta misión que continúe su plan para el mundo. Jesús nos trata con misericordia y luego nos pedirá que sigamos su ejemplo: El primer fundamento de la vida cristiana es el comportamiento misericordioso.

A partir de aquí, continua el delicioso diálogo entre Jesús y Pedro. Pedro ama locamente a Jesús desde su propia mediocridad, con sus maravillosas contradicciones; y cuando Jesús, triste, le reprocha no entender nada de su mensaje, le contesta, rotundo y seguro, que si es así, se deja limpiar de arriba abajo, hasta las manos y la cabeza: quiere una conversión, un cambio de personalidad, quiere, tal vez, unas normas que cumplir, una forma de obedecer. Jesús se vuelve a enfadar, tal vez todavía más; Pedro sigue sin entender nada. Porque Jesús nos quiere como somos, nos respeta, nos quiere libres; la libertad es lo más importante que tiene el hombre, es la naturaleza que comparte con el Dios creador. He ahí el segundo fundamento de la experiencia cristiana: la libertad; y el binomio «misericordia y libertad» como clave para entender el mensaje imperecedero que nos deja Jesús

Nótese, además, que el relato del lavatorio de los pies tiene lugar en el momento culmen de la vida de Jesús con sus discípulos: en la última cena, momento en el que, según la tradición, también se instituye la Eucaristía como memorial de Jesucristo. La conclusión a la que podemos llegar es que la ética católica hay que construirla dualmente: desde la misericordia en libertad, y desde la libertad que nos inclina a la misericordia. Y en todo caso, previamente, desde el sentirnos acariciados por la misericordia de Jesús, que nos acepta con nuestras limitaciones y virtudes.

A nadie habrá sorprendido que la actitud misericordiosa es una cualidad central del cristianismo y del catolicismo. Pero mi conclusión es que, en el mensaje de Jesús, para ser misericordioso hay dos actitudes previas: la primera, dejarse acariciar y lavar por Jesús; y la segunda, que la misericordia se ejerce desde la libertad individual y no desde el cumplimiento de las normas, ni desde la obediencia al poder. Esta actitud de *libertad misericordiosa* la podemos descubrir en el enfado de Jesús con Pedro cuando le pide que le lave completamente, le transforme, le convierta; no hace falta, responde firme Jesús, porque nos quiere como somos: *Jesús nos quiere libres, tal vez porque sólo desde la libertad se puede ser misericordioso.*

Como apunte final de este epígrafe, puede decirse que la libertad es una aportación del cristianismo todavía más genuina que la misericordia. La clave del cristianismo es que la misericordia es para todos y con todos, porque todos los hombres, cualquiera que sea su religión, secta, raza...son hijos de Dios, libres y respetables, a los que se debe amar. La civilización judía sorprendió a la romana por lo misericordiosos (solidarios) que los judíos eran entre sí, pero no con los paganos, ni con los de otra secta. El cristianismo da carácter universal a la misericordia, en favor de todos los hombres. Debe respetarse la identidad y libertad de todos los hombres, no puede haber distinciones. La misericordia alcanza a todos y especialmente, otra gran novedad, a los que más están sufriendo. Un ejemplo claro de esta realidad la encontramos en la parábola del *Buen Samaritano*. La libertad sin restricción para todos los hombres, que es novedad con Jesús, permite que la misericordia sea universal y para todos, y especialmente para los que más la necesiten.

2.- LA VERDAD OS HARÁ LIBRES (JN 8, 31-32), O LA LIBERTAD OS HARÁ VERDADEROS

Los enemigos del liberalismo le acusan de ser el inicio de todos los *ismos* que han favorecido el relativismo moral, ahora imperante, destruyendo los valores de la verdad, propios del catolicismo tradicional. Es verdad que las teorías filosóficas liberales han dado primacía casi absoluta a la experiencia del individuo sobre las demás categorías morales (John Stuart Mill, David Hume o el mismo Adam Smith): la verdad será distinta en función de la experiencia de cada individuo, o de la utilidad que le proporcione a cada individuo. La acusación de relativismo moral, que desde espacios del catolicismo se hace al liberalismo, nos parece una crítica sólida, razonada y razonable y, sin embargo, matizable.

En el catolicismo la primera verdad es la existencia de un Dios creador al que todo hay que referir. Pero la segunda, que constituye con la anterior una verdad única, es que este Dios se comunica libremente con sus criaturas: primero mediante la creación y más tarde mediante su encarnación en el mundo a través de su Hijo. La verdad de Dios es su bondad, su amor y su comunicación con lo que ha creado. La esencia de Dios, la verdad de Dios, es su libertad; creándonos, como se dice en el Génesis (Gen 1,27), «a su imagen y semejanza». Por lo tanto, Dios nos transmite su libertad para que le descubramos y le conozcamos mejor. Nuestro Dios-amor es optimista: confía en su obra y, especialmente, confía en el hombre y su libertad. Desde nuestra libertad atisbaremos la verdad absoluta: Nuestro Dios creador.

Me parece oportuno volver a recordar en este momento las palabras de Jesús a Pedro en su honda conversación durante el lavatorio de los pies, en el comentado texto de san Juan:

> Le dice Simón Pedro: «Señor, no sólo los pies, sino hasta las manos y la cabeza».
>
> Jesús le dice: «El que se ha bañado, no necesita lavarse está limpio. Y vosotros estáis limpios, aunque no todos».

Jesús no les pide a sus discípulos uniformidad ni obediencia (lavarse hasta las manos y la cabeza). Los quiere libres, a cada uno desde su realidad personal; pero, eso sí, dejándose conmover por Jesús misericordioso, dejándose lavar y acariciar los pies por Él.

En definitiva, la Verdad es Dios y Jesús. Y me atrevería a decir que lo más auténtico, profundo y hondo del ser de Dios es que trabaja en y desde la libertad. Con todos los matices que se quieran hacer, me atrevo a afirmar que acusar al liberalismo de ser la causa del relativismo moral, sería tanto como acusar a Dios y Jesús de no haber impuesto, o al menos expuesto, con claridad sus verdades. Por el contrario, creo que su principal valor y fuerza es haber apostado por el hombre y su libertad. Dios nos hace libres para que reconozcamos la verdad. Esto no quiere decir que no exista el mal, las desviaciones y el pecado. Libertad y Verdad deben acabar abrazándose en el baile de la vida, pero habrá pisotones, desencuentros y separaciones. La melodía de la misericordia puede ayudar al encuentro final de la libertad y la verdad. Me parece intuir que la libertad es siempre condición necesaria, y que será verdadera si no es una libertad ensimismada, sino abierta y centrada en los demás: una libertad misericordiosa o, en otras palabras, una libertad al servicio de los otros. Esa será la prueba del algodón.

José Luis Rodríguez Zapatero cometió lo que en estadística se conoce como error tipo 2 (II) —«acertar intentando equivocarse»— al pretender humillar a los católicos con la siguiente frase: «La libertad os hará verdaderos». Creo que, a pesar de venir de quien viene, es cierta si se conjuga con la frase evangélica: la verdad os hará libres. Si sabemos conjugar la libertad con el sentirnos queridos por Dios y atraídos por Jesús, llegaremos a la verdad, que está en el fondo de nuestro ser y que participa de la esencia de Dios. Creo que este es el objetivo de los Ejercicios de San Ignacio. La libertad nos acerca a la Verdad y ésta guía a la libertad. Como conclusión diré que, a mi entender, uno de los criterios para que la libertad nos acerque a la verdad es que sea una libertad guiada por la misericordia. Libertad y Misericordia, una vez más, son los criterios éticos relevantes.

3.- FE Y RAZÓN, VERDAD Y LIBERTAD

En los dos últimos siglos se han contrapuesto los conceptos de Fe y Razón, por un lado, y los de Verdad y Libertad, por otro. Vamos a reparar en el tránsito de estas polémicas filosóficas, admitiendo desde un principio que sobrepasan los límites de este modesto escrito. Creo, no obstante, que se puede constatar que la Iglesia Católica vivió con angustia la posibilidad de que la ciencia todopoderosa sepultase al conocimiento proveniente de la Fe.

Tuvo lugar una primera batalla intelectual entre teólogos y filósofos católicos, sobre la contraposición entre *las nociones de razón y fe*. Como resultado de la misma, la Fe resultó refrendada como colaboradora imprescindible de la Razón para llegar al conocimiento de una verdad más auténtica, que ayude a entender íntegramente el ser de Dios, del hombre y el mundo. Pues bien, una segunda batalla intelectual a afrontar por los intelectuales católicos debería ser el diálogo y la cooperación, desde la fe, entre *los conceptos de verdad y libertad*. A la libertad, y especialmente al liberalismo, se le ha tratado desde la Iglesia Católica con desdén y de forma, a mi entender, equivocada y miope, con la excepción de san Juan Pablo II. El liberalismo es una doctrina de origen cristiano, que ha posibilitado la civilización occidental en la que vivimos, llena de deficiencias, pero también con muchas virtudes. Es heredera de nuestros mejores principios y por tanto tenemos que estar orgullosos de ella sin que esto signifique que no debamos criticar sus deficiencias y desviaciones. *Debemos, por tanto, favorecer urgentemente un encuentro entre catolicismo y sociedad occidental (liberalismo).* La clave para este encuentro, como ocurrió con la fe y la razón, es trabajar juntas para que, desde la idea de Dios y la dignidad del ser humano, se llegue a una colaboración fructífera entre libertad y verdad. Quede ilustrado este comentario con el siguiente texto del Magisterio de San Juan Pablo II en la encíclica *Veritatis Splendor* (núm. 48):

> «Es a la luz de la dignidad de la persona humana —que debe afirmarse por sí misma— cómo la razón descubre el valor moral específico de algunos bienes a los que la persona se siente naturalmente inclinada. Y desde el momento en que la persona humana no puede reducirse a una libertad que se auto proyecta, sino que comporta una determinada estructura espiritual y corpórea, la exigencia moral originaria de amar y respetar a la persona como un fin y nunca como un simple medio, implica también, intrínsecamente, el respeto de algunos bienes fundamentales, sin el cual se caería en el relativismo y en el arbitrio».

La dignidad de la persona humana, y por tanto la acción misericordiosa, es la que debe hacer compatible tanto fe y razón, como se dice en el texto anterior, como la verdad y la libertad: esta última no debe auto proyectarse sino referirse a los otros, nunca favoreciendo privilegios para el yo, sino derechos y misericordia para los otros. En este camino deben encontrarse catolicismo y liberalismo, y pueden bailar juntos, como anticipamos, con la armonía alegre de la misericordia.

4.- LIBERTAD CATÓLICA Y LIBERTAD CALVINISTA

Tanto en el texto de Jesús en el lavatorio de los pies como en el de la encíclica *Veritatis Splendor* se destaca que *la libertad debe ser enfocada en favor del otro*: hay que considerar libres y hermanos a los demás, y nuestra libertad, entonces, se dará por añadidura. Jesús se agacha y lava los pies a sus amigos porque los considera dignos y libres, tal y como son; no les pone ni nuevas obligaciones, ni normas, ni les ofrece grandes explicaciones; les lava los pies, les acaricia, esto le vale a Jesús. Los que se dejan atrapar por Jesús serán sus amigos, sus apóstoles: se fía de ellos, se fía de nosotros, confía en la libertad, sabe que si nos dejamos seducir por su cariño, nuestra naturaleza íntima, semejante a la suya, y nuestra libertad procurarán la continuidad de su Misión.

San Juan Pablo II, en el texto trascrito de *Veritatis Splendor* dice expresamente: *«Y desde el momento en que la persona humana no puede reducirse a una libertad que se auto proyecta»*. De lo que nos está previniendo san Juan Pablo II es de una libertad ensimismada o, como él dice, «auto proyectada». Lo más importante es, primero, no coartar la libertad de los demás y, en segundo lugar, que mi libertad sea en beneficio de los demás. La esencia de la libertad es que debe ser transitiva y no reflexiva; debe ser misericordiosa y no egoísta. La libertad en el catolicismo, como estamos intentando aclarar, es abierta al prójimo y a sus derechos. A entender la libertad se llega desde principios éticos y de justicia. Como veremos en la tercera parte de este escrito, al hablar de los principios económicos del liberalismo, la ética liberal participa mucho más de la libertad católica que de la egoísta.

Frente a este concepto ético de libertad se ha impuesto, como caricatura del calvinismo, un concepto del liberalismo basado en el egoísmo, en el premio al triunfo personal, que conduce a la avaricia y a la acumulación, al individualismo, a la búsqueda ansiosa y sin escrúpulos del ascenso… Creo que ese estereotipo no es real. Por eso debe ser combatido y erradicado con todas nuestras fuerzas, porque hace daño no sólo al liberalismo, sino a nuestra sociedad occidental y al progreso de todas las sociedades. El relato del liberalismo, promovido o aceptado por muchos liberales, es horrible, únicamente matizado por los datos empíricos del crecimiento y la riqueza que proporciona el liberalismo. Es el menos malo, se dice, de los sistemas económicos. Es una aceptación triste y melancólica; pero sobre todo, a mi entender, equivocada.

Nuestro objetivo en las páginas que siguen es contribuir a presentar, desde la ética católica y desde la libertad católica, un conocimiento de la economía occidental y liberal atractivo, ético e ilusionante y que nos permita poder proclamar como paradigma de una ética política inspirada en los valores católicos:

¡LA LIBERTAD MISERICORDIOSA!

SEGUNDA PARTE

JUAN DE MARIANA SJ, UN REFERENTE ÉTICO DE LA LIBERTAD Y LA MISERICORDIA

Jaime Balmes le dedica a Juan de Mariana las siguientes palabras:

> «consumado teólogo, latinista perfecto, profundo conocedor del griego y de las lenguas orientales, literato brillante, estimable economista, político de elevada previsión; he aquí su cabeza; añadid una vida irreprensible, una moral severa, un corazón que no conoce las ficciones incapaz de lisonja, que late vivamente a solo nombre de la libertad, como el de los fieros republicanos de Grecia y Roma; una voz firme, intrépida, que se levanta contra todo linaje de abusos, sin consideraciones a los grandes, sin temblar cuando se dirige a los reyes, y considerad que todo esto se haya reunido en un hombre que vive en una pequeña celda de los Jesuitas de Toledo, y tendréis un conjunto de cualidades que rara vez concurren en una persona».

He querido empezar por esta cita ensalzando la figura de Juan de Mariana, por Jaime Balmes, que no proviene ni de la economía ni del liberalismo sino de un pensamiento más cercano a la filosofía tomista y a una visión religiosa tradicional. Sin embargo, Balmes destaca también principios fundamentales de una concepción católica y liberal no excluyente, que hemos considerado en la primera parte del presente escrito, como son:

- La libertad como fundamento de la dignidad humana y la acción humana: *«Un corazón que late vivamente al solo nombre de la libertad»*.
- La libertad no debe ser egoísta sino en beneficio de los demás, especialmente en favor de los menos favorecidos, sin consideraciones a los grandes: *«Sin temblar cuando se dirige a los reyes»*.
- La misericordia debe ser la gran e inseparable compañera de la libertad: *«Una voz que firme, intrépida que se levanta contra todo linaje de abusos»*. Debe limitar y controlar el poder.

- Desde la Fe no se debe renunciar a la Razón, Mariana era un erudito: escritor brillante, conocedor del latín, del griego, de lenguas orientales, extraordinario historiador, jurista, economista, político, capaz de integrar los conocimientos clásicos y nuevos de la economía que se abría al comercio y al Nuevo Mundo.
- De la misma forma se debe buscar un diálogo entre la Libertad y la Verdad para dar solución a la nuevas realidades políticas y económicas, frenando los abusos de poder.
- A la Libertad y al liberalismo se llega sólo por caminos éticos y de justicia: *«Añadid una vida irreprensible, una moral severa»*.
- No nos parece que debamos desmerecer sino, al contrario, subrayar y valorar su condición de jesuita.

LÍNEA DE TIEMPO

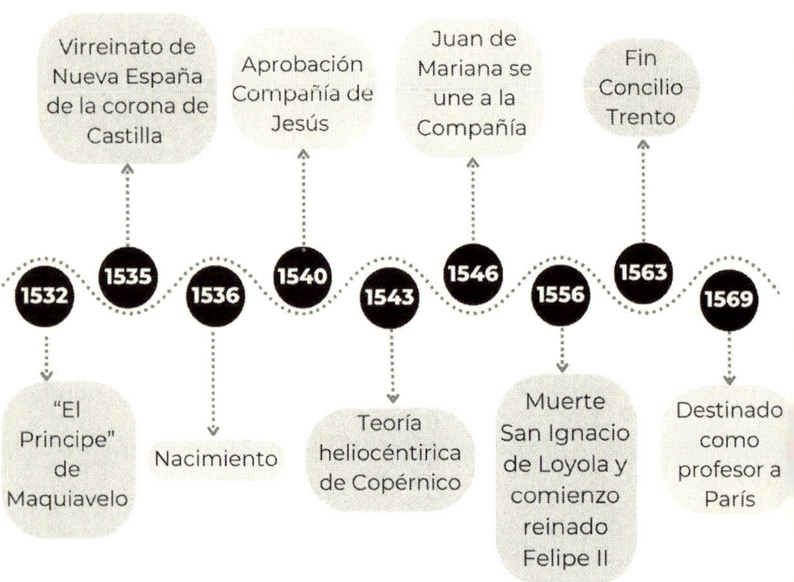

JUAN DE MARIANA

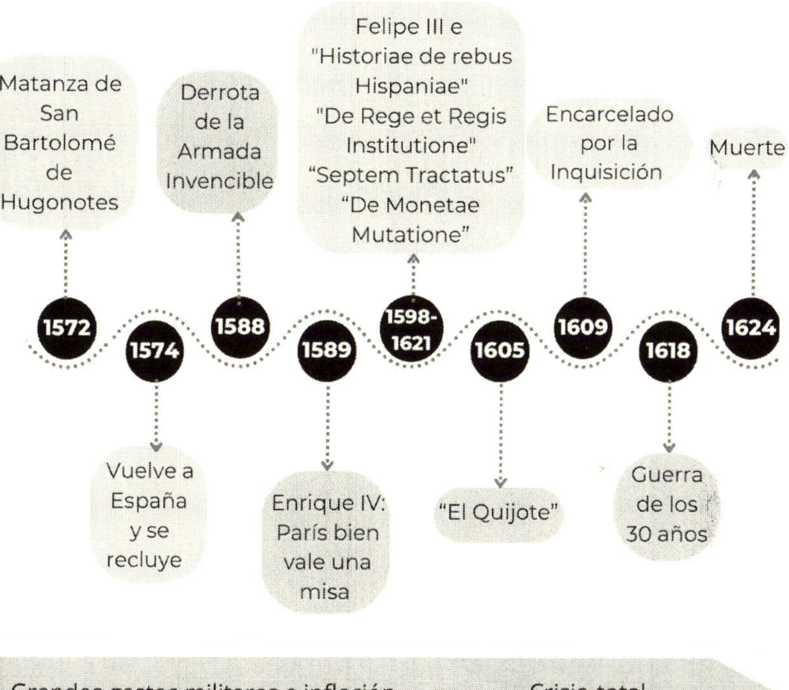

1.- UNA PEQUEÑA REFERENCIA BIOGRÁFICA

De las diferentes biografías de Juan de Mariana que he tenido a mi disposición, me voy a servir especialmente, entre otras, de la que publicó Lucas Beltrán en *La Ilustración Liberal.* Me parece la más acertada (explicando su evolución) y la más equilibrada, con las dos visiones de Mariana: la liberal y la teocrática de tradición tomista.

Juan de Mariana nació en Talavera de la Reina (Toledo) el 25 de septiembre de 1536, aunque no es seguro, porque no se ha encontrado su partida de bautismo; falleció hace 400 años, en Toledo, el 17 de febrero de 1624. Como se ve, la polémica sobre su figura es casi eterna y empieza ya con la fecha de su nacimiento. Es casi seguro que no fuera hijo legítimo, es posible que su padre fuera un canónigo de dicha ciudad: el deán de la colegiata de Talavera de la Reina, Juan Martínez de Mariana. Superó esta circunstancia, que pudo ser una rémora para su desarrollo personal e intelectual, gracias a su carácter recto y su hondura personal, convirtiendo este obstáculo en una motivación para superarse y convertirse en una persona de un conocimiento enciclopédico y con *una fuerte concepción de la justicia y la moral*, que impregnó toda su vida y su obra.

A los diecisiete años se marchó a estudiar Artes y Teología en la Universidad de Alcalá de Henares. El mismo día de su matrícula, entró en el noviciado de la Compañía de Jesús, orden que ya nunca abandonó, junto con Luis de Molina. Estuvo bajo la tutela de San Francisco de Borja, fue de los primeros jesuitas continuadores de la obra de san Ignacio, y profesó en 1554 en Simancas. Tuvo una gran precocidad intelectual y hasta san Ignacio recibió la noticia de su ingreso en la Compañía con gran satisfacción. Acabó su formación sacerdotal en el colegio de Jesuitas de Roma, donde a partir de 1561 fue uno de sus mejores profesores. Fue destinado a Roma porque el segundo General de los Jesuitas, el Padre Diego Laynez, quería concentrar allí a las mejores mentes que tenían en la Orden. Impartió docencia como profesor en distintos sitios de Italia durante ocho años. En 1569 fue a París, donde recibió el grado de Doctor, y permaneció allí cinco años, enseñando Teología Tomista en un centro universitario. En Paris tuvo un gran éxito: sus clases estaban llenas a rebosar.

De este periodo parisino destacamos otro acontecimiento que influyó en su carácter, sus ideas y su periplo vital: conoció y puede ser que contemplara personalmente en primera línea *la matanza de San Bartolomé de los hugonotes* (protestantes) franceses de manos de los católicos, en la guerra de religión entre católicos y protestantes. Este horror, contemplado seguramente desde la ventana de su casa, le influiría personal e intelectualmente: pudo ser un antes y un después en sus concepciones morales, políticas, éticas y económicas; un cambio en su concepción del poder y sus límites; le provocó un vuelco personal, que afectó a su salud y a su concepción del mundo. Como consecuencia, pasados menos de dos años del hecho, en 1574, aceptaron su dimisión en la prestigiosa cátedra de Teología, en la que tenía honor y fama, con la que había conquistado influencia y poder, y regresó a España.

En España se instaló, o quizás habría que decir que se refugió, en el Colegio de la Compañía en Toledo. Y, desde allí, se dedicó a la redacción de sus libros, a confesar, atender a los fieles y a divulgar su pensamiento.

2.- JUAN DE MARIANA EL PRIMER JESUITA DÍSCOLO

Un tercer acontecimiento que influyó determinantemente en su vida y obra, con un Mariana ya adulto, hecho a sí mismo, con ideas claras de justicia pero no dispuesto a callarse nada por mera comodidad, fue el sufrir en carnes propias, como jesuita, dos tristes realidades: en primer lugar, la primera crisis de crecimiento de la Compañía; y en segundo lugar el ninguneo de un nuevo superior, un provincial joven de la Compañía de Jesús, a su entender sin suficiente formación y criterio, que quiso cambiar las formas de regirse dentro de su comunidad. Estos cambios no fueron bien vistos por Mariana por lo que, como respuesta, escribió todo un discurso sobre la organización y las formas de gobierno en la Compañía de Jesús, que tituló: *Las enfermedades de la Compañía*, sobre la organización interna de los Jesuitas. Transcribimos una parte de su discurso:

> «El docto debe gobernar al que es ignorante, el viejo al mozo, el hombre grave al que tiene pocas partes, el noble al que no lo es, de ordinario han seguido lo contrario; que han puesto en el gobierno gente moza de muy pocas letras o ningunas y de partes en todo muy mediano. Este desorden no se puede llevar adelante porque es violento».

Juan de Mariana critica la educación de los nuevos jesuitas, a su entender con una formación más deficiente, tanto académica como vital, para conocer y enfrentarse a las realidades de pobreza. Mariana no está de acuerdo en que se les encierre rápidamente en grandes residencias o conventos en los que van a contagiarse de los vicios del poder jesuítico establecido y van a intentar medrar, en vez de dedicarse a la misión evangélica que les es propia. Además critica, por un lado, la mala organización interna, como consecuencia de una estructura de poder muy jerárquica, que desdeña la realidad de las pequeñas comunidades de jesuitas; y por otro lado el exceso de normas, que tiene como resultado no cumplirse ninguna, ni siquiera las leyes fundacionales de la Compañía. En realidad, *Las enfermedades de la Compañía* constituye todo un tratado de derecho político aplicado a los jesuitas; una filosofía que, como veremos, tendrá repercusiones y analogía en el constitucionalismo de los Estados Unidos de América. En el capítulo X de la obra, que titula: «De la monarquía», se puede leer:

> «Llegado hemos a la fuente de nuestros desórdenes y de los disgustos que experimentamos. Esta monarquía, a mi ver, nos aterra, no por ser monarquía sino por no estar bien templada. Es una fiera que lo destroza todo y que, a menos de atarla, no esperamos sosiego».

Creo no equivocarme al decir que es el primer texto en el que se critica a la monarquía en cuanto no está sujeta o controlada por otros poderes: podríamos intuir que *está inventando la monarquía parlamentaria*, al hablar de una monarquía bien templada. Y lo más curioso es que se está refiriendo a la Compañía de Jesús. En otro momento dirá que cuando el poder lo ejercía el fundador, san Ignacio, que conocía los objetivos de la organización, era en sí mismo legítimo; pero después de él, este poder debería estar sometido al más alto del cumplimiento de la misión de la Compañía. El poder de una monarquía absoluta es una fiera que todo lo destroza y que, por lo tanto, se debe controlar.

Mariana está en contra de que los superiores y provinciales se elijan desde Roma, sin contacto con la realidad local y sin conocimiento de las cualidades de los candidatos, salvo referencias que pueden estar condicionadas. Esto provoca que los elegidos no sean los mejores sino los más dóciles al poder, e incluso permisivos con las corruptelas que todo poder genera. Cree, sin embargo, que el General, especialmente san Ignacio, sí tenía autoridad propia. Además de la elección casi democrática de los cargos en la Compañía, añade la necesidad de evitar el exceso de leyes: es mejor pocas leyes y claras, que muchas que no se cumplan. Finalmente, ve necesario que se convoque de forma periódica una Asamblea General integrada por los mejores y más preparados para establecer las líneas de acción de la Compañía. En el capítulo XI, al hablar de las formas de gobierno de la Compañía por debajo del General, se puede leer:

> «Si solo el General usara esta forma de gobierno y monarquía, pudiérase tolerar; a lo menos los daños no fueran tantos. Mas de la misma manera se gobiernan los Provinciales y Superiores inmediatos en sus distritos, que son absolutos, y nadie los puede ir a la mano. Esto entiendo de los súbditos que tienen. Aunque todos se juntasen en un parecer, puede el Superior hacer y hace lo contrario… Que es gran desatino que el ciego quiera guiar al que ve; de que proceden disgustos, menosprecio del que rige, como de cabezudo y soberbio, murmuraciones y aun motines».

Mariana no va en contra de la monarquía en cuanto sirva para mejor cumplir los objetivos de los gobernados. Entiende, sin embargo, que debe haber controles e incluso órganos que aconsejen desde la base al que ejerce el poder, para que no haya un alejamiento entre el poder y el pueblo, en este caso, de los jesuitas de base.

Estas ideas fueron escuchadas y leídas, entre otros, por Thomas Jefferson, que participó como Padre Fundador en la redacción de la Constitución de los EE.UU. y fue uno de los impulsores del pensamiento Republicano, basado en el control del poder y la elección democrática de los representantes, temas que como hemos visto trató Mariana al estudiar la organización en la Compañía. Así pues, posiblemente en el estudio de Mariana sobre la organización de la Compañía de Jesús se encuentre una simiente del republicanismo americano y de su constitución. Un tema que no ha sido muy estudiado, pero que resulta de indudable interés.

Nuestro autor, como hemos visto, tiene también el honor de ser posiblemente el primer jesuita díscolo, de los muchos que seguirán. Eso indica que los Ejercicios Espirituales de San

Ignacio, además de ser un gran alimento espiritual, son una fuente inagotable de libertad interior y pensamiento libre, que coincide con el ser de Juan de Mariana y del propósito de estas reflexiones. La inteligencia de san Ignacio, para evitar el caos total dentro de la Compañía, le hizo aunar la búsqueda de la libertad en los Ejercicios con el freno sutil de la obediencia. Podemos decir que Juan de Mariana fue un hombre de carácter fuerte, amante de la rectitud moral, de la justicia y de la libertad, pero también fue un hombre obediente.

A los treinta y siete años —hoy diríamos que en plena juventud— se trasladó a Toledo, un lugar que ya no era el centro del poder, que se había trasladado ya a Madrid. Allí paso cincuenta años de reflexión y oración en los que se dedicó a escribir libros, a atender a los feligreses y a confesar. Sin embargo, su influencia no cesó, ya que debido a su fama mantenía contactos cercanos con el Duque de Lerma y con Felipe III. Pero su retiro no fue plácido. Al contrario, su carácter indómito, su agudeza intelectual y, muy especialmente, su rectitud moral y su sentido de la justicia, le hicieron chocar con el poder, incluso con sus antiguos amigos, el Duque y el Rey, y es especialmente duro con ellos en su libro más liberal: *De monetae mutatione*. Este libro, que ya tuvo dificultades para ser impreso, suscitó una gran polémica y provocó su persecución por las autoridades españolas.

También escribió otros libros que censuraban la actuación de dichos gobernantes, ante lo cual los representantes del poder incoaron un proceso judicial contra él, en cuyo desarrollo se defendió a sí mismo, mostrando nuevamente su inteligencia, su valentía, su firmeza, sus conocimientos jurídicos, sus dotes naturales e incluso las propias de los jesuitas (contestando sin responder), lo que le sirvió para finalmente ser puesto en libertad. No obstante, fue un proceso largo y penoso, promovido por la Inquisición, que lo llevó preso provisionalmente en el año 1609, ya con 71 años, al convento de san Francisco en Madrid. En la vista reconoció que era el autor de los siete libros publicados en Colonia, que eran objeto de la polémica, pero no se retractó en nada sustancial, realizó pequeñas correcciones en *De monetae mutatione* y tras un año de reclusión en el convento, fue puesto en libertad sin condena. Regresó a Toledo, donde falleció en el año 1624, con 88 años, por lo que este año se celebran los 400 años de su fallecimiento. Sea este nuestro homenaje y reconocimiento.

En conclusión, Juan de Mariana fue un gran hombre, un gran historiador, un gran intelectual, buen jurista, eminente economista, un hombre de raza, firme en sus principios, con una sólida concepción de la ética, la moral y la justicia, que influyó, probablemente sin quererlo ni intentarlo, en el funcionamiento de instituciones claves de nuestra civilización occidental y de las democracias liberales como son el republicanismo y la constitución estadounidense, los principios de la economía liberal, la limitación de los poderes, etc. así como en otros aspectos que iremos desarrollando a continuación. Y todo ello únicamente intentando ser un buen jesuita.

3.- SUS TRES PRINCIPALES LIBROS

Entre la amplia obra de Juan de Mariana, destacan tres libros que, en nuestra opinión, tienen mayor trascendencia para el tema que desarrollamos (los principios éticos del catolicismo y el liberalismo): *Historia General de España*, *De rege et regis institutione* y *De monetae mutatione* también conocido por el *Tratado y discurso de la moneda de vellón.*

1.- *Historia General de España*: Es la primera historia de España que se publica. Destaca, además de su vigoroso y brillante estilo literario, porque no se limita a narrar los acontecimientos históricos, sino que introduce consideraciones propias, razones cuasi morales del porqué ocurren los acontecimientos. *Mariana siempre busca un principio de justicia que justifique los acontecimientos históricos.*

2.- *De rege et regis institutione* (*«Del rey y de la institución real»*): Su influencia en su tiempo y posteriormente fue muy grande. En esta obra, Mariana formula sus ideas políticas. Dentro de éstas, basándose nuevamente en sus principios éticos, construye la primera teoría sobre el tiranicidio. Mariana distinguía entre un rey legítimo y un tirano. Un rey (un gobernante, diríamos hoy) es ilegítimo si no intenta atender a sus súbditos, si va en contra de sus intereses, si se beneficia empobreciendo a sus vasallos y les hace la vida imposible, si les limita la libertad y la capacidad de desarrollarse; y, si se da este caso, defiende la posibilidad del tiranicidio. No es muy conocido pero este pensamiento hizo que la figura femenina que representó a la revolución francese se conociese como *la Marianne*, en su recuerdo. Una vez más, sus ideas están impregnadas de un sentido de la justicia y el bienestar de los desfavorecidos. La descripción del tirano en palabras de Mariana sería la del político o gobernante que:

> «arrebata las riquezas de los individuos, como un monstruo compuesto de los vicios de la lujuria, de la avaricia, de la crueldad y el engaño».

3.- *De monetae mutatione*: Es el libro más importante desde la perspectiva del pensamiento económico de Mariana. Lo vamos a comentar sintéticamente, destacando que siempre busca una economía justa y en beneficio de los más desfavorecidos. Para conseguir estos objetivos plantea las siguientes cuestiones, muchas de las cuales serían actualmente predicables a nuestros gobernantes:

a) Criticó con firmeza y dureza *la depreciación de la moneda* al incorporar materiales no nobles, que disminuían el valor de dicho instrumento de pago:

> «Estúpido, ¿qué digo? Malvado el gobernante que ordena que algo que la gente común valora, digamos en cinco, se venda por diez. Los hombres se guían en estos asuntos por una estimación común fundada en la calidad de las cosas, así como en su abundancia y escasez. Sería vano que un príncipe buscara socavar estos principios del comercio. Más vale dejarlos en paz y no forzarlos, pues hacer lo contrario iría en detrimento público».

Este pensamiento maravilloso, preclaro y muy anterior a los primeros estudios económicos científicos del liberalismo es un alegato *en contra del intervencionismo estatal de la moneda* y la inflación que provoca. De alguna forma también *bendice los principios propios del comercio* y acoge como *determinantes justos de los precios la abundancia y la escasez.* En menos palabras no se puede defender mejor la política del *libre comercio*, siempre en defensa de los súbditos y especialmente de los más desfavorecidos.

b) Criticó *los impuestos* que saqueaban las escuálidas bolsas de los vasallos para llenar las arcas de los poderosos, que se lo gastaban en actos vanos y superfluos.

c) Siguiendo, a partir de ahora, a Jesús Huerta de Soto, otra idea fundamental de Mariana, consecuencia de las anteriores, es que *la inflación es un impuesto y un impuesto a los más pobres.* Al explicar la manipulación de la moneda (moneda de vellón) dice:

> «Este arbitrio nuevo es la moneda de vellón, que si se hace sin acuerdo del reino es ilícito y malo, si con él lo tengo, por errado y en muchas maneras perjudicial».

d) Para evitar la escalada inflacionaria propone *el control del gasto* del rey, disminuyendo gastos superfluos y guerras inútiles, como la de Flandes:

> «Lo moderado, gastado con orden, luce más y representa mayor majestad que los superfluo sin él».
>
> «Que el rey, nuestro señor, se acortase en sus mercedes (...) no hay en el mundo reino que tenga tantos premios públicos, encomiendas, pensiones, beneficios, y oficios; con distribuirlos bien y con orden, se podría ahorrar de tocar tanto en la hacienda real o en otros arbitrios».

En definitiva, desde principios éticos y morales, siempre en defensa de los ciudadanos más desprotegidos, Mariana hace una encendida defensa del control del gasto, de la no adulteración monetaria, de la austeridad en los comportamientos de los poderosos, de evitar los privilegios, hoy diríamos las subvenciones injustificadas, de que los impuestos no deben limitar la actividad económica de los vasallos; y defiende el comercio basado en precios que se establecen con criterios de escasez, abundancia y calidad. Todo un programa político.

4.- VIVIENDO UNA ÉPOCA DE CRISIS

El tránsito entre los siglos XVI y XVII fue complicado: momentos de crisis económica, de valores, de pensamiento, de paradigma social, de principios religiosos... un cambio hacia un nuevo tiempo al que denominamos Época Moderna. En este contexto hay que encuadrar la vida y el pensamiento de Juan de Mariana. En un epígrafe posterior hablaremos algo de *la escuela de Salamanca*, en cuyas postrimerías se encuadra Mariana, y que da una respuesta intelectual, religiosa y filosófica a este periodo de crisis. Ahora nos vamos a referir a la situación económica de la época.

El siglo XVI, tras el descubrimiento de América y durante el reinado de los primeros Austrias (Carlos I y Felipe II) fue una época española de gran esplendor económico y político, que se trasladaba a todas las facetas de la vida social. En el Imperio Español «nunca se ocultaba el sol», todo era luz, nunca se hacía de noche; era un tiempo de optimismo y de triunfalismo. El descubrimiento del Nuevo Mundo, sin embargo, desde el punto de vista económico, tiene luces y sombras. Y algunas de estas últimas llegan hasta nuestros días. Las luces evidentes son un gran impulso al comercio, la llegada de metales preciosos que incrementan el dinero circulante, impulsando las compras, la inversión, la actividad económica y la financiación de inversiones, la aparición de nuevos negocios, nuevas formas de vida... Fueron momentos de optimismo y crecimiento que se vieron acompañados por un incremento demográfico, que compensó la emigración al nuevo mundo, lo que favoreció la mano de obra barata en los nuevos negocios. *El mercantilismo*, que explicaba— erróneamente como veremos— la bonanza económica por la acumulación de metales preciosos, era el pensamiento económico dominante. Finalmente, la bonanza económica y el fluir del dinero y los metales preciosos favorecieron la financiación de multitud de conflictos bélicos, en los que estaba siempre inmersa la Corona española. Parafraseando en negativo la frase atribuida a Felipe II, en relación a los conflictos bélicos: en España siempre era de noche, nunca salía el sol.

En las propias luces se vislumbran las sombras de la economía que se hicieron realidad con especial virulencia en España, en los últimos años de vida de Juan de Mariana, época en la que datan los principales libros que antes hemos referido. Los comienzos del siglo XVII se caracterizan por la primera crisis del Imperio Español hegemónico, que en el aspecto económico se debe fundamentalmente a las consecuencias fatales del mercantilismo, que hace de la acumulación de materiales preciosos su idea fundamental. Lo vamos a intentar explicar un poco más detalladamente por ser un tema económico de capital importancia y hoy de gran actualidad.

La acumulación de metales preciosos hoy se concretaría en la creación artificial de dinero por los bancos centrales. Es cierto que tiene un efecto económico positivo a corto plazo (espejismo monetario), por favorecer la actividad económica y la financiación de cualquier inversión; pero la sobreabundancia de dinero favorecerá principalmente la actividad especulativa, impidiendo la generación de actividad productiva que satisfaga las necesidades reales del consumidor. Al contrario, esa sobreabundancia favorecerá inversiones improductivas y sobrevaloradas (burbujas), que no serán demandadas por nadie, que se transformarán en negocios quebrados y posteriormente trabajadores en paro. Así pasó en nuestra España durante el siglo XVII con consecuencias que llegan hasta nuestros días. Veámoslo.

España (especialmente Castilla, Extremadura, Andalucía, casi todo su territorio menos Cataluña y Vascongadas) en vez de producir bienes industriales e incluso agrícolas para satisfacer las necesidades de sus habitantes, al tener dinero sobreabundante (metales preciosos), no vio la necesidad, e incluso desdeñó con soberbia y equivocación, la producción de dichos bienes (descapitalización), comprándolos en el exterior (y en Cataluña y Vascongadas). Por otra parte, como seguía habiendo un exceso de liquidez, se embarcó en guerras y conquistas que sobrepasaban su capacidad económica real si se descontase la financiación extra proveniente del oro de América. Es una de las grandes causas históricas de la desindustrialización de la España castellana y del sur (que se dedicó más a la noble conquista de América que a la plebeya de producir y comerciar), frente al norte de España más industrializado y el resto de Europa. Hay un error grave en los que desconocen el funcionamiento interno de la economía, consistente en pensar que un país es rico porque tiene valiosos recursos económicos naturales: oro, plata, petróleo, etc. No, no y no, a la larga puede ser más una rémora que una ventaja. La riqueza de un país es crear bienes productivos y de consumo que satisfagan las necesidades de las personas; la riqueza de una nación no es tener oro sino producir bienes y servicios demandados por los consumidores e inversores. En conclusión, el mercantilismo de aquella época y el monetarismo actual pueden llevar a la especulación, a la mala selección de las inversiones, a la descapitalización, al cierre de empresas, al paro y a la crisis económica.

Junto con lo anterior, los males suelen venir en racimo: se debe añadir un grave problema demográfico y de malas cosechas, que impulsó a la nobleza a incrementar los impuestos para seguir sufragando su bienestar a costa de las ya menguadas rentas de campesinos y súbditos. Todo esto hace que nuestro Juan de Mariana, impulsado siempre por criterios éticos, muestre una fuerte crítica a la actuación de nobles y reyes, propugnando un nuevo paradigma económico en el que se controle el poder y sus arbitrariedades económicas en defensa de la propiedad y la libertad del resto de las personas.

5.- LA ESCUELA DE SALAMANCA: UNA RESPUESTA A LA CRISIS DE VALORES

La Escuela de Salamanca está formada por un conjunto de pensadores, teólogos, filósofos y, en menor medida, pero también, juristas y economistas que trataron de dar una respuesta moral, ética y desde la justicia a la crisis política, económica y social que se produce durante los siglos XVI y XVII. Es una búsqueda de la verdad volviendo a la tradición Tomista y Escolástica, sin renunciar a su adaptación a los nuevos problemas que se suscitan en la nueva época. Son fundamentalmente dominicos, los más, y entre los que destaca *Francisco de Vitoria (1483-1546)*, que sentaron las bases para el derecho internacional y los derechos humanos, las relaciones con los indios defendiendo su dignidad y sus derechos; y jesuitas, entre los que destaca *Francisco Suárez (1548-1617)*, quien trató el tema de la libertad como fundamento de la existencia humana en confrontación intelectual con la teología luterana, que soslaya el libre albedrío, en favor de la teoría de la predestinación y la salvación por mera gracia de Dios, con independencia de las obras humanas.

La Escuela de Salamanca no tiene una doctrina totalmente uniforme pero sí podemos decir que hay un pensamiento común sustentado desde la teología, volviendo a la ley Natural, a la moral y a la tradición católica y a Santo Tomás de Aquino como motor de la búsqueda de la verdad. *En una primera aproximación, podríamos decir que nada tiene que ver con los principios del liberalismo.* Sin embargo, tan cierto como lo anterior, es que desde estos planteamientos teológicos y filosóficos se preguntaron por la novedoso de su época, y se enfrentaron a dos nuevas realidades: el comercio y el desarrollo económico derivado del descubrimiento del Nuevo Mundo; y, en segundo lugar, a la necesidad de responder desde el catolicismo a la reforma luterana. Y tuvieron la valentía de enfrentar las dos nuevas encrucijadas desde la razón filosófica que les era propia. *Respondieron, por tanto, desde la justicia y moral,* que como ya hemos repetido en muchas ocasiones es muy importante para todo nuestro planteamiento.

Aunque la Escuela de Salamanca es una corriente o movimiento intelectual plural, cabe destacar dos rasgos comunes en los planteamientos de los diferentes autores: En primer lugar, *el respeto a la libertad de los hombres* (libre albedrío) como un bien querido por Dios, derivado de la Ley natural, un aspecto especialmente defendido por los jesuitas frente a la predeterminación luterana; y en segundo lugar, y casi tan importante como el anterior, *una visión positiva del comercio y la economía, analizada desde principios de justicia, moral e incluso de ley Natural.* La economía y el comercio han sido vistos por la religión católica, en muchas ocasiones, como algo contrario o ajeno a sus postulados, apartándose o criticando sin profundizar en su funcionamiento. Es inusual, sorprendente, estimulante y ejemplarizante que estos católicos de la Escuela de Salamanca aceptasen el comercio y sus reglas, las estudiasen desde sus principios de moral y ética, y llegasen a unas conclusiones extraordinariamente avanzadas para su época. No digo que sean conclusiones liberales, pero son apasionantes para una persona de convicciones católicas y liberales. Entre ellos luce con especial luz propia, como ya hemos destacado, Juan de Mariana. Veamos algunas de esas propuestas.

Entre los muchos pensadores de la Escuela de Salamanca que se interesaron por temas económicos, cabe destacar tres, a nuestro juicio en orden de menor a mayor importancia en sus postulados económicos: Martín de Azpilicueta, Diego de Covarrubias y, por supuesto, Juan de Mariana.

MARTÍN DE AZPILICUETA (1492-1586) fue persona de confianza de Carlos I y tuvo pequeños enfrentamientos con Felipe II. Estudió el comercio y las relaciones económicas consecuencia de las transacciones que se operaban tras el descubrimiento de América. Defendió la bondad del comercio y de la propiedad privada, como elementos fundamentales del progreso. También se debe resaltar que *fue el primero que desde principios morales aceptó la legitimidad del cobro de intereses por los préstamos.* Así, en su opinión, el interés no sería usura sino un simple precio por la utilización del dinero, y su cuantía (tipo) dependería de la abundancia o escasez del dinero (de su oferta y demanda). También se puede destacar su estudio sobre la correcta determinación de los precios que, según su opinión, dependería de la escasez y no de su teórico valor intrínseco, que como tal no existe en economía sino en la filosofía. Finalmente, también estudió *la teoría cuantitativa del dinero*. Se percató de que la llegada de metales preciosos a España provocaba no tanto una mayor riqueza, sino que los bienes que se intercambiaban, si no crecían, subieran de precio, sin beneficio ni para el país ni para sus habitantes. A mayor dinero circulando, si no hay un aumento de la producción de bienes y servicios (riqueza), lo único que se producirá es un aumento generalizado de los precios (inflación).

DIEGO DE COVARRUBIAS (1512-1577) fue ministro de Felipe II. Precursor de las ideas de Juan de Mariana, fue un defensor de los principios morales en la economía, pretendiendo unir el derecho, la teología y la economía. Su mayor y más trascendente aportación es la primera y clara enunciación de *la teoría subjetiva del valor*. Si se le hubiese tenido en más consideración y se hubiese hecho un mayor aprecio a sus planteamientos, o si la Escuela de Salamanca hubiese tenido más trascendencia en sus postulados económicos, como dice Jesús Huerta de Soto, seguramente nos hubiéramos liberado de la teoría de la plusvalía y tal vez de Marx, del marxismo y de todas sus nefastas consecuencias. Dice así la teoría subjetiva del valor, en palabras de Diego de Covarrubias:

> «El valor de una cosa no depende de su naturaleza objetiva sino de una estimación (subjetiva) de los hombres, incluso aunque tal estimación sea alocada».

Y a continuación, pone como ejemplo el trigo:

> «En las Indias el trigo se valora más que en España porque allí los hombres lo estiman más y ello a pesar de que la naturaleza del trigo es la misma en ambos lugares».

Finalmente, otro de los aspectos destacables de Covarrubias es la *defensa de la propiedad privada conforme a la Ley Natural*: creía que los propietarios tenían derechos inviolables sobre los bienes que les pertenecían.

De JUAN DE MARIANA ya hemos destacado anteriormente sus aportaciones más importantes, por lo que únicamente subrayaremos a modo de síntesis, cinco grandes ideas:

1. Como el resto de los miembros de la Escuela de Salamanca, Mariana tiene el gran mérito de no desdeñar ni el comercio ni la economía y darle la relevancia social, filosófica, ética y, por tanto, teológica que tiene. Estudia la economía desde la ética. Me atrevería también a decir que la importancia inmensa del pensamiento de Mariana trasciende lo económico y, sin desdeñar sus aportaciones económicas en lo referente a la manipulación de la moneda y la inflación, su aportación estrella es la teoría jurídica y filosófica de *la limitación y el control del poder, como fundamento principal de un sistema político libre.*

2. Quizás una característica especial de los jesuitas de la Escuela de Salamanca, por su confrontación razonada con el luteranismo, es la de afrontar los problemas de *la justicia desde la libertad.* Que no es una libertad ensimismada, sino que pone el foco en los demás —especialmente, en los más desfavorecidos— lo que le lleva a una defensa de los límites del poder del Estado frente al individuo.

3. En su interés por controlar los excesos de poder, que es la obsesión de Mariana, éste declara actos *injustos los impuestos* que financian guerras inútiles y actos de gobierno superfluos. Del mismo modo, se muestra contrario a los actos del rey y los nobles que malean la moneda. El metal, al perder valor, provocará que circulen más monedas de menos calidad, se producirá inflación y los tenedores de monedas de vellón (malas) podrán comprar menos cosas. *La inflación* en una forma de imponer un impuesto a los más pobres en beneficio del poder.

4. Como hemos visto en el punto anterior, en el ámbito económico, la aportación más importante de Mariana es declarar injustos todos aquellos actos que llevan consigo *la manipulación de la moneda*, hasta el punto que en su opinión era *una de las causas objetivas y justas que despenalizaban el tiranicidio*. Hoy día diríamos que Mariana es muy receloso de todas las actividades del Estado que pretendan incentivar la demanda. Al contrario, la riqueza se producirá en la medida que los agentes económicos sean capaces de crear bienes y productos que satisfagan necesidades de los clientes. Hoy diríamos que lo que busca es dar primacía a los factores de la oferta frente a la demanda agregada de la economía.

5. *Mariana es contrario a la intervención del Estado en la economía*, como hemos visto: ya sea incrementando la masa monetaria (moneda de vellón) o aumentando los impuestos que empobrecen a los vasallos. Su pensamiento está anticipando la crítica que los liberales harán, muchos años después, al pensamiento keynesiano. Mariana sería más partidario, podríamos decir desde la perspectiva actual, de fomentar la actividad inversora del sector productivo,

y nunca de incentivar la demanda con actividad estatal ni de incrementar artificialmente la oferta monetaria, lo que provoca inflación.

6.- JUAN DE MARIANA SIEMPRE ENVUELTO EN LA POLÉMICA

Tal y como hemos visto, la vida de Juan de Mariana desde su nacimiento estuvo rodeada por la polémica: (1) su crítica a la organización de la Compañía de Jesús, que fue su casa, a la que quería con un cariño especial y a la que deseaba perfecta; y (2) su crítica al funcionamiento del poder del Estado por los abusos que cometían los gobernantes frente a los súbditos, que se concretaban en los gastos superfluos, las prebendas y privilegios injustos de los nobles, la manipulación de la moneda y los impuestos excesivos. La búsqueda de la justicia y de la excelencia en la Corona española y en la Compañía, las dos instituciones que más amaba, le hicieron levantar con fuerza su voz y su pluma contra todas las formas de poder que le parecían inadecuadas. Nuevamente, la búsqueda de la justicia y los principios éticos son los que le mueven, aunque fuese en contra de sus intereses. Porque ello le costó perder predicamento ante la Compañía, que no le defendió como institución en su proceso contra la Corona, y finalmente fue llevado a prisión por sus críticas a Felipe III y al Duque de Lerma, del que empezó teniendo sus favores. Era una persona brillante y reconocida, especialmente en su juventud, tanto por la Corona como por la Compañía, pero prefirió ser fiel a sí mismo y a su forma de pensar, antes que a su conveniencia y prestigio. *Eligió ética y justicia antes que honores mundanos.*

Nació, por tanto, envuelto en una polémica que no le abandonó durante su vida; *ni siquiera su memoria tras su vida está siendo pacífica. Dos sectores del pensamiento se disputan su memoria: los católicos tradicionalistas y los liberales.* Los primeros sostienen que el pensamiento de la Escuela de Salamanca era todo lo contrario al liberalismo, ya que trata de redescubrir el pensamiento católico tradicional a la luz de la Ley Natural y la filosofía Tomista, defendiendo como forma de gobierno la monarquía absoluta de inspiración religiosa o divina. Aunque algunos de estos planteamientos contengan una parte de verdad, creemos que no son totalmente ciertos, porque hacen una caricatura del liberalismo que no compartimos. Como hemos intentado defender en la primera parte de nuestra exposición, el liberalismo no excluyente, que es el que defendemos, no sólo no es incompatible con el catolicismo ni con la ley natural ni con la búsqueda de la Verdad, sino que, al contrario, es una consecuencia necesaria de todo ello. Como ya hemos apuntado, el mensaje de Jesús que se nos deja como memorial el Jueves Santo en el lavatorio de los pies, se fundamenta en la caricia misericordiosa de Jesús a la libertad de todos los hombres, para que sea norma universal de comportamiento de unos hombres a otros, y por tanto Verdad universal y Ley Natural eterna, que se reconoce en el «amaos unos a otros como yo os he amado». Se hace compatible, por tanto, como dijimos, «la libertad os hará verdaderos» con «la verdad os hará libres». *Libertad y misericordia serán el centro de todo planteamiento filosófico y político que proponemos.*

Por otro lado, los liberales, capitaneados por Jesús Huerta de Soto, han acogido parte del pensamiento de Mariana convirtiéndolo en el centro del libertarismo o anarco-liberalismo, lo que también me parece un exceso. Mariana, siempre desde su búsqueda de la excelencia y la justicia, hace un tránsito en su pensamiento desde posiciones que defienden la monarquía absoluta, el colectivismo y la comunidad de bienes hacia planteamientos que son partidarios del control del Estado, un poder con participación de los súbditos, postulando la no intervención del Estado en ámbitos monetarios, la limitación de los impuestos y defendiendo la propiedad privada. Pero nunca defiende la desaparición del Estado, sino que esté supeditado a los intereses de los súbditos, que son los auténticos dueños del poder estatal. El pensamiento liberal es uno de los pilares en la construcción del Estado moderno como una institución sometida al control del parlamento para evitar los desmanes a los que es proclive todo tipo de poder.

Creo que Juan de Mariana representaría una posición intermedia de diálogo entre el catolicismo y un liberalismo no excluyente que defienda la libertad (luces largas) y la misericordia (luces cortas) como fundamento de un proyecto político y económico. Cuando hemos sido capaces de llevar este proyecto a la práctica en la civilización occidental, ello ha sido sinónimo de crecimiento, justicia, prosperidad y libertad. Si estudiamos los mejores periodos de nuestra historia son siempre aquellos en los que hay un mayor nivel conjunto de libertad y misericordia. Hay motivos para estar orgullosos, hay motivos para la esperanza. Seamos optimistas con el futuro, tengamos fe: La libertad y la misericordia seguro que se abrirán camino. El hombre está creado desde la libertad y la misericordia y para la libertad y la misericordia.

En cualquier caso, a pesar de sus detractores y sus polémicas, no cabe duda de la gran influencia que el pensamiento de Juan de Mariana ha tenido en distintas disciplinas. Aunque ya hemos ido hablando de parte de este gran legado, vamos a unificarlo y sintetizarlo a continuación.

7.- EL LEGADO DE JUAN DE MARIANA

Nos reafirmamos en nuestra idea de que Mariana es el principal exponente de la Escuela de Salamanca en relación al legado de una idea liberal de la organización del Estado. Como ya hemos dicho, en lo económico son igual de importantes, si no más las contribuciones de Martín de Azpilicueta o Diego de Covarrubias. Pero si juntamos las aportaciones económicas con las jurídico-políticas, relativas a la organización del Estado y el control del poder, nos parecen superiores en conjunto las aportaciones de Mariana. Veámoslo.

Antes de ello, me parece de justicia señalar las aportaciones que realizó a la organización de la propia Compañía de Jesús, muchas de ellas acogidas con el paso de los tiempos por los jesuitas. Él se sintió ante todo Jesuita, no podía tener conciencia de ser liberal, habida cuenta de que vivió antes del surgimiento del liberalismo, a pesar de haber contribuido a esta corriente mucho más que la mayoría de los que se han autoproclamados liberales. A Mariana se le han hecho muchos más homenajes desde el liberalismo que desde el entorno de la Compañía de Jesús. Pero *él ante todo fue un gran Jesuita*. Valga este pequeño comentario como un pequeño pero sentido homenaje. Desde su crítica, la Compañía de Jesús ha mejorado la formación de sus estudiantes y novicios, no sólo en conocimientos sino en la atención a las necesidades de los más desfavorecidos, ha huido de prebendas y canonjías económicas, ha salido de los conventos, incrustando a sus miembros en la realidad social y especialmente en los lugares donde otros no querían ir, ha hecho de la excelencia (el *magis*) uno de sus distintivos, se ha democratizado en la selección de Superiores y Provinciales, ha buscado la cercanía entre los Superiores y los miembros de las comunidades, se han convocado con regularidad congregaciones generales y provinciales... En fin, se ha mejorado mucho, aunque ahora la época es distinta y la crisis actual no es tanto de crecimiento como, al menos en Europa, de decrecimiento. Deseamos que este pequeño homenaje a Juan de Mariana, sirva también a la Compañía de Jesús para tomar un nuevo aliento e impulso, que será bueno para el catolicismo y, aunque ellos no lo sepan igual que le pasaba a Juan de Mariana, también será bueno para el liberalismo.

Desde el punto de vista económico, Mariana fue pionero en destacar los graves problemas que llevaba consigo la manipulación de la moneda, del dinero en circulación, en concreto produciendo una elevación de los precios (inflación), que es un injusto impuesto especialmente a los más pobres, que son los que consumen en mayor proporción respecto a su renta. Se posicionó en contra de los altos impuestos, especialmente cuando iban a sufragar guerras injustas o inútiles y en contra de las actividades superfluas del Estado. Entendió la necesidad de un Estado austero mediante un control de los gastos.

Desde el punto de vista jurídico, Juan de Mariana se adelantó en la defensa de la eficiencia y de la racionalización de la actividad normativa: que existiesen pocas leyes, pero claras, y que así se cumpliesen. Porque la sobreabundancia de normas favorece el que no se cumpla ninguna, ni siquiera las importantes. También en el ámbito jurídico, la inflación de normas va pareja con su devaluación.

Finalmente, desde el punto de vista político, pasó de defender la monarquía absoluta a defender vehementemente una monarquía legitimada por el pueblo. Sólo si el rey (o el gobernante) es capaz de mejorar la vida de sus súbditos, su poder será legítimo; Mariana desconfió del poder y especialmente del poder absoluto, habló de la necesidad de que el poder del superior (monarca) esté periódicamente refrendado por notables elegidos entre el pueblo, y que el poder se acerque a los lugares en donde se va a hacer efectivo, teniendo en consideración a las personas a las que va a afectar. Configuró por primera vez la teoría del tiranicidio: un gobernante ilegítimo que desprecie los deseos e intereses del pueblo, que vaya en contra de sus necesidades básicas, que imponga contra la voluntad de los súbditos impuestos elevados, que malee y falsifique la moneda, será un rey ilegítimo, un tirano y puede ser derrocado y hasta asesinado.

Como sabemos, todas estas ideas has sido recogidas por políticos, juristas, filósofos y economistas; y han tenido influencia, como ya hemos dicho, en el constitucionalismo norteamericano a través de Thomas Jefferson. Ha quedado acreditado que la *Historia de España* de Mariana estaba en la biblioteca de Thomas Jefferson, de John Locke, de John Adams y de James Madison, influyendo tanto en el pensamiento liberal como en el del constitucionalismo americano.

El nombre de *«La Marianne»*, como símbolo de la República Francesa, en la lucha de los oprimidos frente a la tiranía monárquica, y que sintetizó los valores de la Revolución Francesa («liberté, egalité, fraternité»), tiene un origen discutido, pero una de las hipótesis que tiene más adeptos afirma que proviene del nombre del jesuita español, y exitoso profesor en la Sorbona de Paris, por su defensa del tiranicidio.

Finalmente, Mariana tuvo y está teniendo una gran influencia en una de las escuelas económicas liberales más importantes como es la Escuela de Viena a través del reconocimiento de figuras señeras como Friedrich Hayek (1899-1992), Murray Rothbard (1926-1995) y en España, actualmente, Jesús Huerta de Soto. La primera que destacó esta relación fue una discípula de Hayek: la economista británica Marjorie Grice-Hutchinson (1909-2003), quien puso sobre la pista de la Escuela de Salamanca a importantes economistas de la Escuela de Viena, la que podíamos llamar conexión Salamanca-Viena.

8.- LA CONEXIÓN SALAMANCA-VIENA

Los propios economistas austriacos han establecido esta conexión, reconociendo a los salmantinos como sus precursores, con el consiguiente enfado de algunos defensores del tradicionalismo católico salmantino. Así, desde hace unos años la Escuela liberal Austriaca de economía, cuya cabeza visible junto a Ludwig Von Mises (1881-1973) es Friedrich A. Hayek, establece el origen del liberalismo en Salamanca y no en la Escocia de Adam Smith, con una clara intención de contraponer, al menos eso creo yo, los orígenes en principios católicos del liberalismo, y en concreto en la espiritualidad ignaciana, frente a una fundamentación protestante-calvinista. Esta es una conexión en la que los escolásticos españoles anticipan los valores en los que se sustentará posteriormente el liberalismo. Esta vinculación es reconocida en España, a través del profesor Jesús Huerta de Soto. Y con carácter más general y trascendente por el eminente economista y premio noble F. A. Hayek. Hayek, en su discurso de contestación al recibir el Premio Nobel —que tituló: «La pretensión del conocimiento»— pronunciado en Estocolmo el 11 de diciembre de 1974, hace referencia a dos Jesuitas españoles: Luis de Molina (*De iustitia et iure*) y Juan de Burgos (*Disputationum de iustitia et iure*) para establecer el principio de que los precios no dependen de los costes —en todo caso sería al revés— sino de las múltiples valoraciones subjetivas que realizan los millones de agentes económicos en función de sus apreciaciones libres.

En dicho discurso de agradecimiento, al recibir el Premio Nobel de Economía, destacó:

> «El punto clave lo habían visto ya aquellos notables anticipadores de la economía moderna que fueron los escolásticos españoles del siglo XVI, los cuales insistían en que lo que ellos llamaban pretium mathematicum, el precio matemático, depende de tantas circunstancias particulares que solo Dios puede conocerlo».

El valor de la cita, en mi modesta opinión, es extraordinario. Primero porque creo no equivocarme al decir que es la primera vez que en un discurso al recibir un Premio Nobel de Economía se cita a dos españoles, y seguro que ninguna otra vez se ha citado a dos jesuitas españoles, y más aún cuando en la conferencia de contestación sólo hay siete citas. Este hecho significa que para Hayek tiene una importancia extraordinaria hacer una vinculación entre los fundamentos teóricos de la Economía Liberal Austriaca y los pensadores escolásticos de la Escuela de Salamanca. La pregunta que surge es por qué ve fundamental Hayek apoyarse en Salamanca. Yo creo que su objetivo claro es diferenciarse de las justificaciones económicas del calvinismo, para mí nefastas, que acuñó Max Webber. Es todavía más clara la referencia que Huerta de Soto hace propia de Hayek, en un homenaje a Juan de Mariana, en el que quiso participar Hayek, a través de una carta enviada al profesor Huerta de Soto:

> «Los principios teóricos de la economía de mercado y los elementos básicos del liberalismo económico no fueron diseñados, como se creía, por calvinistas escoceses, sino por los jesuitas y miembros de la Escuela de Salamanca durante el Siglo de Oro español».

La pretensión última de Hayeck es, por una parte, refrendar la Teoría austriaca del valor subjetivo que recogen incipientemente los jesuitas Luis de Molina, Juan de Burgos y Juan de Salas, frente a la teoría del valor objetivo que recoge Adam Smith, y que fue el origen de la nefasta teoría marxista de la plusvalía; y por otra parte, de mayor trascendencia, buscar un fundamento ético a sus planteamientos liberales que superen los principios calvinistas basados en el coste, la maximización del beneficio e incluso el egoísmo y la avaricia (valor objetivo de los bienes) por otros valores éticamente superiores como son la libertad, la misericordia y la utilidad más propios del valor subjetivo de los bienes y que son la inspiración de los principios éticos de la Escuela de Salamanca.

Aunque no lo llegan a enunciar claramente, se vislumbra, y esta es nuestra pequeña aportación, que el fundamento ético del libre mercado está en el equilibrio entre libertad y misericordia, propios del catolicismo de la Escuela de Salamanca, y especialmente de la inspiración ignaciana de esta Escuela.

El liberalismo tiene unos datos en creación y distribución de riqueza como ninguna otra escuela económica ni política ha tenido nunca. Sin embargo, su relato —en parte propiciado por los colectivistas, pero también por los propios liberales— ha sido y es nefasto. Lo más que se llega a decir, lo que me produce rabia y desazón, con un posicionamiento de inferioridad moral es que «la economía de mercado es la menos mala de las conocidas». Pues no, tenemos que rebelarnos frente a esa interpretación derrotista y errónea: el liberalismo no excluyente es una forma de gobierno moral eficaz, basado en los elevadísimos principios de libertad y misericordia. Y no de egoísmo, acumulación de capital, avaricia e individualismo, como habitualmente se entiende.

9.- EL JUAN DE MARIANA MENOS LIBERAL

La trayectoria vital y filosófica de Juan de Mariana no es rectilínea y, como buen liberal, ha tenido dudas, vacilaciones y cambios de opinión. Es el camino propio de la libertad, apasionante y a la vez difícil y lleno de peligros. Las ideologías colectivistas y autoritarias encorsetan y limitan el pensamiento; el conocimiento liberal debe ser siempre tolerante y dispuesto a la rectificación. Eso sí, debe ser firme e inflexible con los que dañan la libertad. Es el gran límite. La gran línea roja. Se ha dicho que no todas las opiniones de Juan de Mariana están constreñidas en la ortodoxia liberal. Eso es cierto, pero nunca se podrá decir que alguna de sus ideas no esté basada en la búsqueda del bien común desde principios de justicia, de bien común y de protección a los más débiles. La búsqueda de esos objetivos desde el respeto a la libertad de todos, no solo la propia, debería ser la ortodoxia de un liberalismo tolerante y no excluyente. Vamos a analizar alguno de los planteamientos que hoy chocan con principios liberales de manera que su justificación es razonable.

A) Juan de Mariana, como ejemplo de cambio a mejor, pasó de planteamientos defendiendo la legitimidad de la monarquía absoluta, por representar una autoridad de origen divino, a defender que la monarquía sólo es jurídicamente viable si defiende los intereses legítimos del pueblo; y finalmente estuvo a favor del tiranicidio si el monarca perturbaba gravemente los intereses fundamentales de los súbditos.

B) Mariana defendió la propiedad colectiva y la reforma agraria con base en que las tierras están para satisfacer las necesidades comunes y no únicamente las privadas de sus propietarios. En tal sentido, fue citado por Joaquín Costa en sus escritos sobre la reforma agraria, de igual manera que aparece también en las biografías de Mariana escritas por Jaime Balmes y Pi i Margall, de inspiración menos liberal. Desde una idea de justicia, una reforma agraria se puede instrumentalizar a través de procedimientos legales de expropiación y pago de un justiprecio, pudiendo ser compatible con una economía de principios liberales; la reforma se puede conseguir también por procedimientos de mercado, pero puede ser más larga y costosa, además de provocar daños colaterales como la quiebra de pequeñas explotaciones agrarias. *Un liberalismo no excluyente debe ser capaz de compaginar libertad y misericordia y no debe renunciar totalmente al papel del Estado, si consigue justicia sin menoscabo de la libertad.*

C) Como hombre de su época, mantuvo principios mercantilistas. Defendió la introducción de metales preciosos en la base monetaria para incrementar la riqueza del país, frente a ideas más cercanas a la ortodoxia liberal, como fueron las de Covarrubias o Martín de Azpilicueta. Mariana no se percató de que esa política monetarista provocaría más inflación que riqueza. En su defensa hay que decir que aumentar la base monetaria, en un primer momento sí crea riqueza e incluso puede perdurar y no provocar inflación, si con el exceso de liquidez monetaria se acometen inversiones productivas que incrementan el PIB. La clave, como propondremos en la tercera parte de este escrito, es que se realice una correcta selección de inversiones maximizando no el beneficio empresarial, sino el valor añadido social.

En conclusión, sus desviaciones no fueron tales para los que defendemos un liberalismo amplio e integrador, en el que la equivocación inspirada en principios de justicia, que no limiten la libertad, debe ser una virtud y no un defecto. Los límites del liberalismo es luchar contra los que intentan reprimir la libertad y contra los que no atienden a los imperativos de la justicia. Por lo demás, se debe decir desde ahora y claramente, que *defender una forma única de ser liberal es una práctica antiliberal cercana al autoritarismo*. Aún más, la equivocación y la rectificación debería ser una de las cualidades genuinas del liberalismo.

10.- SER LIBERAL A LO JUAN DE MARIANA

El campo del liberalismo, como no podía ser de otra forma en una concepción del mundo y la existencia basada en el principio fundamental del respeto a la dignidad humana y la libertad de todos nuestros semejantes, es amplio, diverso y poco organizado. Por ese motivo la cualidad principal del liberal debe ser la tolerancia, el respeto y la inclusividad con todas las formas de pensamiento que pongan su prioridad en la libertad humana. A la vez, tiene que ser firme en sus convicciones mínimas, sin permitir nunca abusos de los poderosos ni ningún tipo de totalitarismo que cercene las libertades individuales. Con fundamento en lo que hemos aprendido de Juan de Mariana, proponemos como pilares mínimos del pensamiento liberal, el siguiente decálogo:

i. Al liberalismo se debe llegar siempre buscando la justicia y actuando en defensa de los más humildes.

ii. El liberalismo abomina de los privilegios y las prebendas. Nunca puede estar basado en el egoísmo y la avaricia; es más, su propia dinámica interna tiende a hacer que desaparezcan los privilegios.

iii. El pensamiento liberal se fundamenta en el imperio y la defensa de la ley legítima, que iguala a todos los ciudadanos en su cumplimiento. Es bueno que las leyes sean claras, adecuadas, no excesivas y efectivas (que se cumplan).

iv. Las leyes deben defender la vida, las libertades fundamentales y la propiedad, que es el bastión desde el que se sustenta la vida y la libertad.

v. La organización económica liberal está basada en las instituciones del mercado, los agentes económicos, los contratos y el respeto a la ley garantizado por el Estado, que podrá participar de forma subsidiaria o cuando su inversión incremente el valor añadido (PIB).

vi. El poder del Estado debe ser legítimo, proviene del pueblo al que representa y que lo refrendará periódicamente de forma democrática. Además, debe estar sujeto a controles para evitar abusos y desviaciones, respetando siempre a las minorías. La división de poderes es uno de sus fundamentos: Legislativo, ejecutivo y judicial.

vii. El pensamiento económico liberal se opone a las políticas de expansión de la demanda agregada que sean permanentes. Dichas políticas crean burbujas y favorecen la especulación. Por eso, el Estado deberá estar sometido a control presupuestario, no abusar de subvenciones e incentivos, que serán mínimos, y siempre por causas tasadas de necesidad y justicia, siendo sometidas a un riguroso control. La política monetaria no debe ser expansiva. Los impuestos serán moderados, entendibles y fáciles de gestionar y aplicar.

viii. El liberalismo apoya las políticas de oferta. Proponemos redescubrir a Jean-Baptiste Say (1767-1832) como también ha manifestado Juan Ramón Rallo: los agentes económicos importantes y fundamentales son los creadores de riqueza, ya sean empresarios, autónomos e incluso las administraciones públicas como impulsoras del PIB. Se facilitará y potenciará la actuación de estos agentes, en la medida que sus inversiones incrementen el valor añadido de la sociedad.

ix. Debe favorecerse la libre circulación de personas, capitales y bienes siempre con sometimiento a la ley.

x. Libertad, justicia y misericordia son los estandartes éticos diferenciales de nuestra identidad liberal.

11.- EL DESENLACE

Al inicio del escrito quisimos establecer la libertad y la misericordia como requisitos éticos comunes del catolicismo y del liberalismo, intentando proponer como desafío intelectual para católicos y liberales un diálogo entre la Libertad misericordiosa y la Verdad, del que esperamos los mismos frutos que se obtuvieron al fusionar Fe y Razón. De esta forma desaparecería la feroz crítica que se hace desde el catolicismo tradicional al liberalismo de ser el primer causante del relativismo moral.

Estudiamos en el padre Mariana, figura de enorme peso moral e intelectual, su constante búsqueda de la verdad desde sus principios morales de católico jesuita, apoyándose en su espíritu libre, independiente y casi indómito, que le hacía enfrentarse a cualquier poder establecido. Este comportamiento ético, que era común en muchos de los integrantes de la Escuela de Salamanca, llamó poderosamente la atención de economistas liberales de la Escuela Austríaca, especialmente de Friedrich Hayek.

Creemos que Hayek y los austriacos necesitaban un modelo ético y económico distinto al preconizado por los protestantes y calvinistas. Hayek, al criticar a Adam Smith, se centra especialmente en un error económico: la teoría del valor objetivo de los bienes frente a la teoría subjetiva. Esta equivocación —que para los austriacos era imperdonable por sus consecuencias, pero que puede ser objeto de análisis y discusión— nunca debería llevar, por sí sola, a un cambio de referencia en los iniciadores del liberalismo (los padres fundadores). La crítica auténtica a los liberales calvinistas, entendemos, tiene más que ver con la disconformidad con sus fundamentos éticos, ya que estos, renunciando al libre albedrío y creyendo en la predestinación, aprueban conductas humanas basadas en la maximización del beneficio, el egoísmo y la avaricia. Estos principios, de moralidad dudosa, son económicamente falsos en el liberalismo, como intentaremos demostrar en la tercera parte de este escrito, y han sido admitidos por economistas liberales como ciertos, haciendo un daño terrible no sólo al liberalismo —que sería lo de menos— sino a la civilización occidental y a la noble causa de la libertad frente a los totalitarismos. Lo paradójico de la cuestión, como estamos haciendo ver en este escrito, es que no es verdad que el liberalismo esté fundado en estos pilares sino en otros más nobles, como son la libertad y la misericordia. En nuestra opinión, Hayek ve el grave problema, pero no lo explicita totalmente, y no acaba de proponer un modelo ético alternativo. Así, Hayek, en la cita a la que se ha hecho referencia anteriormente, se centra en oponer a calvinistas ingleses con jesuitas españoles, siendo éstos, para Hayeck, mejores depositarios de los auténticos principios de justicia liberales. *Nuestra conclusión es que el deseo último de Hayek es fundar el liberalismo en unos principios éticos cercanos a los que hemos analizado en Juan de Mariana.*

Habiendo ya propuesto los principios de libertad, misericordia y verdad como elementos centrales de la relación entre catolicismo y liberalismo, nos falta una tercera parte: demostrar que desde un punto de vista económico el liberalismo, o la economía de mercado propia de la civilización occidental, es capaz por sí misma no sólo de crear riqueza, sino de repartirla y distribuirla como ningún otro sistema económico y político ha sido capaz nunca. El suyo es un reparto que va desde el capital hacia el resto de los factores: especialmente hacia los trabajadores y en general hacia toda la sociedad. El capital, por efecto de la libertad innovadora, se redistribuye en favor de los demás, *la libertad se vuelve misericordiosa*. Y esta redistribución se produce a través de los siguientes fenómenos económicos que vamos a estudiar en la tercera parte: en primer lugar, el más importante, *la innovación*; en segundo lugar, esa innovación provoca un coste de capital a través de *la obsolescencia*, que se destina a favorecer mejores salarios y aumentar nivel de vida de la sociedad en general; en tercer lugar, como causa de los dos fenómenos anteriores, los *empresarios* que subsisten no son los que maximizan su beneficio sino los que *maximizan el valor añadido de toda la sociedad*; y, en cuarto lugar, el sistema para la selección correcta de las inversiones, que es el problema fundamental de la teoría económica, *se basará en seleccionar aquellas inversiones que maximicen la valor añadido social*, es decir que tiren hacia arriba el PIB nacional.

Es fundamental decir desde ahora que todo este maravilloso proceso económico, que convierte a la libertad en misericordiosa, es ajeno a la dirección estatal. Es consecuencia de la libertad humana, más concretamente de la mejor de las libertades, que es la creativa, la innovadora. Podríamos decir, con Hayek, que es un proceso espontáneo en cuanto a libre, pero no es automático, ya que precisa de la continua capacidad humana para inventar e innovar en todos los aspectos de la vida.

Quiero acabar este desenlace con una llamada al optimismo: la libertad es el bien esencial a defender por encima de todos los demás; mientras haya libertad habrá progreso humano y económico; la libertad une a los hombres entre sí, con su entorno, con la economía, con las organizaciones que crea, con su ser profundo, con su esencia, y para los que tenemos fe, con Dios. La libertad, en todos sus aspectos, es el mayor don que tenemos los humanos, y para los creyentes el mayor regalo que Dios nos ha hecho. Si somos capaces de defender y aumentar la libertad, la vida de los seres humanos será cada vez más hermosa y más prospera. De nosotros depende.

Sí, católicos y liberales, en defensa de la libertad misericordiosa.

TERCERA PARTE

PRINCIPIOS DE LA ECONOMÍA LIBRE: LA LIBERTAD INNOVADORA

1.- LOS DATOS DEL NUEVO RELATO

«Si consideramos la historia del progreso económico podemos ver cómo desde el año cero hasta el año 1880, aproximadamente, el PIB per cápita del mundo, prácticamente, se mantuvo constante durante todo el periodo de referencia. Si uno mira un gráfico de la evolución del crecimiento económico, a lo largo de la historia de la humanidad, uno estaría viendo un gráfico con la forma de un palo de hockey, una fusión exponencial, que se mantuvo constante durante el 90% del tiempo, y se dispara exponencialmente a partir del siglo XIX. La única excepción a esta historia de estancamiento se dio a finales del siglo XV con el descubrimiento de América. Pero salvando esta excepción, a lo largo de todo el periodo, entre el año cero y el año 1800, el PIB per cápita a nivel global se mantuvo estancado.

Ahora bien, no sólo que el capitalismo generó una explosión de riqueza desde que se adoptó como sistema económico, sino que si uno analiza los datos lo que observa es que el crecimiento se viene acelerando a lo largo de todo el periodo.

Durante todo el periodo comprendido entre el año cero y el 1800, la tasa de crecimiento del PIB per cápita se mantuvo estable en torno al 0,02% anual. Es decir, prácticamente sin crecimiento; a partir del siglo XIX, con la Revolución Industrial, la tasa de crecimiento pasa al 0,66%. A este ritmo para duplicar el PIB per cápita se necesitarían107 años.

Ahora bien, si observamos el periodo entre 1900 y 1950, la tasa de crecimiento se acelera al 1,66%, anual. Ya no necesitamos 107 años para duplicar el PIB per cápita, sino 66. Y si tomamos el periodo comprendido entre 1950 y el año 2000, vemos que la tasa de crecimiento del PIB fue del 2,1 %, anual, lo que derivaría en que en solo 33 años podríamos duplicar el PIB per cápita del mundo. Esta tendencia lejos de detenerse se mantiene viva aún hoy. Si tomamos el periodo, entre el año 2000 y el 2023, la tasa de crecimiento volvió a acelerar al 3% anual, lo que implica que podríamos duplicar, el PIB per cápita en el mundo en tan solo 23 años.

Ahora bien, cuando se estudia el PIB per cápita desde el año 1800 al día de hoy, lo que se observa es que, luego de la Revolución Industrial, el PIB per cápita mundial, se multiplicó por más de 15 veces, generando una explosión de la riqueza que sacó de la pobreza al 90% de la población mundial. No debemos olvidar nunca, que para el año 1800, cerca del 95% de la población mundial vivía en la pobreza más extrema, mientras que ese número cayó al 5% para el año 2020, previo a la pandemia…

Los países libres son 12 veces más ricos que los reprimidos, el decil más bajo de la distribución de los países libres vive mejor que el 90% de la población de los países reprimidos, tienen 25 veces menos cantidad de pobres en el formato estándar y 50 veces menos en el formato extremo, y por si eso fuera poco, los ciudadanos de los países libes viven un 25% más que los ciudadanos de los países reprimidos».

Discurso ante el Foro de Davos de Javier Milei, presidente de la República Argentina y actual premio Juan de Mariana, enero 2024.

Los datos del discurso de Milei sobre la capacidad de la economía de mercado para generar riqueza y eliminar la pobreza mundial son reveladores, imbatibles, no resisten una comparación con ningún otro sistema económico y político. Sin embargo, no son acogidos por la sociedad y son ensombrecidos por el relato de otros sistemas económicos que simpatizan con el colectivismo. La razón es que el liberalismo no ha tenido un correcto relato sobre su bondad, es un sistema con mala autoconciencia, derivado de su justificación calvinista, admitiendo la maximización del beneficio, el individualismo y el egoísmo, como un mal menor, para conseguir el éxito económico que lo justifica amoralmente por sus resultados. Es un error, un inmenso error. San Juan Pablo II se acercó a la moralidad del capitalismo por su lucha anticomunista y anti colectivista, esta es también la primera justificación que hizo Milei. Más tarde Milei ha dado un nuevo paso en la buena dirección: *«la libertad, el capitalismo de libre empresa no es sólo un sistema posible para terminar con la pobreza en el mundo, sino que es un sistema moralmente deseable para lograrlo»*.

Deberemos agradecer a Milei su claridad, a pesar de sus excesos verbales, al presentar el sistema capitalista como un sistema basado en la ética de la libertad, siendo un importante paso hacia delante en la defensa moral del liberalismo. Creo, sin embargo, que se equivoca al oponerse vehementemente a los que defienden la justicia social. Milei, en realidad, lo que quiere criticar es la falsa propaganda de los colectivistas, quienes, apoderándose impropiamente del concepto de justicia social, acaban socavando las libertades y creando sistemas injustos que crean pobreza y desigualdad. La famosa discusión de Javier Milei con el Papa Francisco se podría haber resuelto, si Milei le hubiera explicado y convencido al Papa Francisco de que el sistema que más hace por la justicia social es el liberalismo no excluyente, tanto desde el punto de vista empírico, como desde el punto de vista moral, ya que es el sistema que más y mejor recoge los principios morales que son propios del catolicismo y de la doctrina social de la Iglesia que consiste en incrementar la justica social.

Vamos a intentarlo en las páginas siguientes, exponiendo que la estructura interna propia de la libertad, especialmente por la innovación y la obsolescencia, hacen de los sistemas liberales no sólo los más eficaces sino los éticamente más defendibles. De forma que se transforma la maximización del beneficio privado en la maximización del valor añadido social por las fuerzas internas (orden semi espontáneo) del propio sistema basándose en la libertad de creación.

2.- UN NUEVO RELATO LIBERAL: LA LIBERTAD DE INNOVACIÓN Y EL COSTE POR OBSOLESCENCIA COMO PILARES EN LA CREACIÓN Y DISTRIBUCIÓN DE LAS RENTAS.

Vistos los apabullantes datos que la economía libre de mercado en el ámbito de la sociedad occidental ofrece a la sociedad, queremos ofrecer un relato que la potencie todavía más, alejándonos de la maximización del beneficio como objetivo principal de los actores económicos.

Se trata de sustituir individualismo, egoísmo y avaricia por libertad, innovación y creatividad; reemplazar la maximización del beneficio individual, que desgraciadamente aparece como pilar de la economía liberal en los manuales de economía, *por maximización del valor añadido social o de la sociedad.* Dejamos claro que maximizar el valor añadido va a ser consecuencia inmediata e interna de la economía de mercado sujeta a innovaciones constantes. El empresario que triunfa lo hace maximizando valor añadido (el bien común) y los que buscan maximizar el beneficio propio son penalizados y expulsados por el mercado. Intentaremos explicar el concepto de obsolescencia, mal empleado en la mayoría de los casos que se utiliza, como el coste (precio) de la innovación, concepto clave para conocer el auténtico funcionamiento de la economía de mercado.

La libertad humana en su realidad innovadora es la que lo cambia todo, deja de pensar en sí misma, y por la fuerza interna de la economía de mercado, es capaz de distribuir la riqueza, diluyendo el capital, que disminuye por el coste de obsolescencia, en favor del resto de la sociedad (especialmente resto de trabajadores y receptores de subsidios y ayudas estatales). La innovación, fruto de la libertad creativa humana propia, que es propia de la economía libre, se abre al conjunto de la sociedad a la que enriquece. *La libertad se convierte en fuerza distributiva y de alguna manera fuente de misericordia.*

Vamos a ver los componentes de este proceso que configura el nuevo relato de la libertad de innovación.

La libertad humana: La economía está formada por actos económicos emanados de la libertad humana: consumir, ahorrar, invertir, trabajar, estudiar, crear empresas, innovar, investigar... Dentro de la libertad destacamos como fruto económico principal la *capacidad humana para investigar e innovar* que recoge lo mejor de la naturaleza humana y es el motor tanto de la creación de la riqueza como de su justa redistribución a través de la minoración del beneficio privado (amortización por obsolescencia) en favor del resto de trabajadores (nuevos y mejores sueldos) y del resto de la sociedad (impuestos, seguridad social, nuevos servicios, nuevas empresas).

El innovador es la persona capaz de utilizar su potencial creativo, técnico e intelectual para favorecer el crecimiento económico, así como la redistribución de las rentas en una economía abierta, libre y dinámica. La innovación para que tenga relevancia económica tiene que ser puesta a disposición del público, de los clientes. Las innovaciones pueden ser de infinidad de clases: tecnológicas, científicas, de producción, de organización interna, de prestación de servicios, de marketing...

El empresario innovador es el empresario que a través de su inversión introduce una nueva tecnología consiguiendo una ventaja competitiva inicial en el mercado, que a su vez posibilitará un incremento de las rentas salariales, de los impuestos pagados y de los nuevos servicios que se generan alrededor de la empresa innovadora.

El coste por **obsolescencia** es el «castigo» que recibe el empresario por no ser capaz de lograr una rentabilidad (valor añadido) más alta para la sociedad, existiendo un nuevo nivel técnico que lo posibilita. El castigo se hará efectivo mediante una disminución de los beneficios por incremento de los costes de amortización por obsolescencia. Los costes por obsolescencia podrían concretarse:

- Los derivados del descenso de productividad relativa frente a la que desarrolla nueva tecnología.
- El descenso del precio para poder competir con los productos de la nueva tecnología.
- El menor número de años para amortizar la maquinaria obsoleta.
- Los nuevos servicios a dar para competir con los innovadores, sin incrementar los precios.
- El pago a trabajadores más especializados…

Téngase en cuenta que la amortización es el único coste que no se paga, por tanto, si no se calcula adecuadamente o se prescinde de él, provocará un reparto excesivo de beneficio, ya que no es real, que descapitalizará a la empresa. CONCLUSIÓN: El que maximiza el beneficio privado es expulsado del mercado por las propias fuerzas de éste.

La correcta selección de inversiones: Los actos humanos con relevancia económica fundamentales son tres: el binomio consumo-ahorro, la inversión y la innovación que se sustancian, los tres, en el momento crucial de la economía: la decisión libre de afrontar una inversión. *La decisión de inversión será correcta si la actualización del valor añadido generado a lo largo de su tiempo útil es al menos igual que la del valor añadido actualizado medio del sector, ofreciendo además al inversor un cash-flow positivo.* El criterio de selección es válido tanto para empresas públicas como privadas. *La única posibilidad que tiene el empresario de obtener un beneficio privado es ser capaz de maximizar el valor añadido de la sociedad.*

Nos parece que la clave de la economía del pensamiento económico es solucionar el problema de la correcta selección de las inversiones en una economía dinámica con continuas innovaciones y avances tecnológicos. Volveremos sobre este tema al final de nuestras reflexiones a modo de conclusiones finales del modelo.

La canalización del ahorro a la inversión: Una vez determinadas las inversiones que deben acometer los inversores, las entidades financieras y los mercados de valores deben de ser capaces de canalizar el ahorro a la inversión productiva realizando previamente una correcta selección de las inversiones y por tanto de las personas, empresas y sectores que deben ser financiados.

El mercado: Son las normas jurídicas y económicas (instituciones y pactos) que permiten desarrollar los acuerdos e intercambios para que se desenvuelva con eficacia la acción humana en una economía libre con innovaciones.

En conclusión: El mercado en esta definición amplia es el que consigue, a través del proceso de constante innovación, tanto la creación de la riqueza como su redistribución. En este mercado, sujeto a la misma regla económica de la contante innovación y la adecuada gestión de sus recursos, puede participar indistintamente la iniciativa privada o la pública.

3.- APROXIMACIÓN ECONÓMICA AL CONCEPTO DE OBSOLESCENCIA

Vamos a incidir en este concepto, porque nos parece fundamental en la comprensión del marco que proponemos. Por otra parte, nos enfrentamos a una dificultad añadida: la inadecuada utilización de este concepto en el lenguaje común, jerga de la calle y los medios de comunicación e incluso en la literatura económica.

Hago una pregunta al lector: ¿qué es la obsolescencia programada? y es fácil que responda: el deterioro anticipado del producto provocado, tal vez maliciosamente, por el empresario para obligarnos a sustituirlo por otro, y obligarnos a hacer un nuevo gasto. Error grave, error, en el caso de que eso fuese posible, en una economía competitiva, este comportamiento lo definiríamos como: «el deterioro anticipado programado», pero nunca como obsolescencia. La obsolescencia es el coste que soporto por las innovaciones de otros, no las controlo, nunca se puede programar, y que me hacen perder competitividad. Este error creo que ha hecho muchísimo daño al dificultar la comprensión del correcto comportamiento del modelo económico con innovaciones tecnológicas.

La obsolescencia no se programa, al revés, su característica fundamental es que es improgramable por la empresa, es una variable exógena que nos viene impuesta a causa de las innovaciones de todo tipo que continuamente está haciendo la competencia.

La obsolescencia nos vendrá dada cuando a las tres semanas de la compra de nuestro móvil de última generación, salga al mercado uno nuevo que ofrece nuevas y mejores utilidades. No porque la batería de nuestro móvil no cargue adecuadamente tras tres años de uso.

Vamos a ver las consecuencias de la obsolescencia a causa de la libertad de innovación:

1. La amortización por obsolescencia es la debida a la pérdida de competitividad de nuestra empresa debido a innovaciones o mejoras introducidas por la competencia: nueva tecnología, mejoras en el diseño, mejoras efectivas de marketing, mejoras en la diferenciación del producto, mejoras de producción, distribución, logística, control de costes…

2. Esta pérdida de competitividad hará que tengamos que amortizar más rápidamente nuestros activos, tengamos que imputar cantidades adicionales como coste por obsolescencia en detrimento de nuestros beneficios.

3. Este incremento de amortización se destinará a pagar a terceros para mitigar nuestro déficit competitivo: mejores trabajadores, más horas extra, mejores asesores, nueva política de marketing, rebajas en los precios, menor duración de la maquinaria. Todo a costa de los beneficios programados.

4. Distribuye la riqueza desde nuestro capital hacia el resto de los actores económicos:

   a. Descapitalización de la inversión y disminución de los beneficios.

   b. Movilidad del capital: los capitalistas de ayer nada tendrán que ver ni con los de hoy ni con los de ayer.

   c. Las nuevas tecnologías las introducen nuevos empresarios, la mayoría de las veces jóvenes, con menores costes, con menos trabajadores más eficientes y mejor pagados, junto con un mayor desarrollo tecnológico que les hace ser capaces de generar un mayor valor añadido.

   d. La generación de mayor valor añadido posibilitará el pago de mejores sueldos.

   e. Como consecuencia de la innovación, los nuevos trabajadores adquieren mayor especialización y formación, por tanto, alcanzarán un mejor nivel de retribución.

4.- LA CONSECUENCIA: EL BENEFICIO PRIVADO NO ES UN CONCEPTO ECONÓMICO RELEVANTE

Con rotundidad, desde todo lo expuesto, el beneficio tal y como se entiende en la actualidad, es una magnitud jurídica despreciable para el análisis económico. Este error ha tenido penosas consecuencias en el modelo ético liberal, como ya hemos anticipado. La economía, por su propia fuerza interna, parafraseando a Hayek diríamos a causa del orden espontáneo, tiende a que los empresarios que pervivan no maximicen el beneficio privado sino el valor añadido de la sociedad. La maximización de la renta social, por tanto, es consecuencia de la PROPIA organización interna de la economía de mercado, no puede ser programado, pero no deja de ser cierto que hay un motor no totalmente espontáneo, sino derivado de la libertad humana y su capacidad de crear e innovar. Vamos a explicarlo:

El beneficio económico real es una cuasi renta o renta residual consecuencia de los retornos que se satisfacen previamente al resto de los factores: trabajadores, Estado, rentistas, Entidades Financieras, amortizaciones, provisiones…

La amortización es el único coste que no se paga, sino que *se cobra vía precio y puede confundirse con beneficios inexistentes*. Si la amortización está mal calculada (obsolescencia) la contabilidad determinará unos beneficios ficticios y excesivos propiciando la descapitalización empresarial y un excesivo endeudamiento.

El cálculo de los retornos de los factores está en continuo cambio a consecuencia de las innovaciones que modifican el cuadro de pagos especialmente en lo referente a las amortizaciones y las provisiones. No es determinable ni previsible a priori.

El beneficio se calcula al margen de la realidad económica y con base en principios contables y fiscales lejanos al día a día de la empresa, de tal forma que su cuantificación jurídica dificulta la correcta visión económica de las empresas. Nótese que, en muchos análisis económicos, después de establecer el beneficio como pilar del modelo, para las recomendaciones a los empresarios se utiliza como variable más relevante el EBITDA.

Frente al imprevisible beneficio, en el marco de una economía con transformaciones tecnológicas, *proponemos la determinación del valor añadido empresarial* generado como la variable de gestión económica en las empresas.

5.- LA ECONOMÍA LIBERAL MAXIMIZA EL VALOR AÑADIDO DE LA SOCIEDAD

Con todo lo visto con anterioridad, proponemos que la empresa tenga como objetivo de gestión la capacidad de generar un mayor valor con el que retribuir mejor que la competencia a trabajadores, Estado y propietarios de los factores de producción. El empresario únicamente podrá maximizar el beneficio privado, si la empresa es capaz antes de maximizar el beneficio social que aporta, o lo que es lo mismo, el valor añadido generado por la empresa. Al contrario de lo que se piensa, el beneficio privado es consecuencia del beneficio social en una economía liberal de mercado. *Sólo tendrán beneficio privado, si lo llegan a tener, las empresas que previamente hayan maximizado el beneficio social. Es la cruda verdad del terrorífico capitalismo.*

El esfuerzo, el ahorro y el trabajo duro (la meritocracia) que fue uno de los valores del liberalismo calvinista no es por voluntarismo masoquista sino *por interés generoso*. Sólo los empresarios ahorradores que no dilapiden sus falsos beneficios (espejismo de beneficio mal calculado), los que no se dejen llevar por el consumismo, serán los que triunfarán, los que sean capaces de sacrificarse para invertir pagando sueldos e impuestos más competitivos y, especialmente, los que serán capaces de innovar. Sería la nueva explicación o justificación de la ética capitalista del esfuerzo.

Si el objetivo del empresario es maximizar el beneficio privado, el mal cálculo de éste le llevará a considerar ganancia lo que no es sino amortización acelerada por obsolescencia, produciéndose tanto la descapitalización de la empresa como su sobre endeudamiento.

Una empresa será competitiva si con el valor añadido generado con su estructura productiva es capaz de generar excedentes suficientes para pagar impuestos, intereses, alquileres y remuneraciones competitivas a trabajadores y profesionales que le permitan diferenciarse de la competencia. Si el valor añadido generado está por encima del producido por la media del sector y, además, paga correctamente a todos los acreedores y proveedores, llevando un correcto control de los costes, el futuro de la empresa estará garantizado.

El objetivo empresarial para conseguir su beneficio privado es «tirar hacia arriba» del valor añadido o PIB del sector, incrementándolo. *El valor añadido, además, tiene una estimación mucho más fácil y fiable que el beneficio privado.*

6.- EL «BIG BANG» ECONÓMICO Y LAS INNOVACIONES TECNOLÓGICAS: UNA LIBERTAD PARA LOS DEMÁS

El fundamento de nuestro pensamiento económico se centra en dos pilares que son consecuencia de las continuas innovaciones tecnológicas: La obsolescencia y la redistribución de rentas que lleva consigo el aumento de la productividad por la incorporación de las nuevas tecnologías. La consecuencia final de esta conjunción de factores es lo que denominamos la gran explosión de la riqueza económica con reparto redistributivo de rentas económicas o el BIG-BANG ECONÓMICO.

En este proceso, fruto de la acción humana libre, creativa e innovadora, podemos diferenciar las siguientes fases:

1. El empresario hace una inversión sin contar con la futura obsolescencia de sus instalaciones, por tanto, amortizando en los primeros años menos cantidad de la que correctamente correspondería y, en consecuencia, repartiendo y consumiendo un beneficio que descapitaliza a la empresa.

2. Ante la aparición de nuevos adelantos técnicos, hay nuevos empresarios con más recursos financieros u otros empresarios que habían calculado correctamente el coste de amortización por obsolescencia, que son capaces de incorporar las nuevas tecnologías a sus empresas, adquiriendo, gracias a esta incorporación tecnológica, una clara ventaja competitiva en costes o en calidad del producto.

3. Estos empresarios que han asumido las innovaciones sin perjudicar a su estructura de costes *serán capaces de pagar mejores sueldos a nuevos trabajadores más especializados que necesitarán para sus modernas instalaciones.* En una perspectiva amplia, dentro del concepto de innovadores podríamos incluir, junto con los técnicos o tecnológicos, a los que son capaces de proporcionar nuevos diseños o utilidades que mejoran y diferencian la producción.

4. Las innovaciones proporcionan al conjunto de la economía una mayor productividad de la que se beneficia el propio sector (empresario y trabajadores) y los trabajadores especializados del resto de los sectores con menor productividad, como veremos en la siguiente fase. *Las innovaciones*

tecnológicas mediante el aumento de la productividad proporcionan un incremento de la Renta Nacional.

5. Los sectores industriales con mayor productividad trasladan sus conquistas a los trabajadores de otros sectores, especialmente a los del sector servicios que se benefician de las innovaciones tecnológicas del sector industrial. El incremento en los precios correspondientes al sector servicios tiene su fundamento en el aumento de productividad del sector industrial cuyo beneficio se traslada a toda la economía. Hoy en día se está produciendo también una revolución en el sector servicios: informática, digitalización, inteligencia artificial que puede provocar en el resto de los sectores lo que ya en años anteriores proporcionaron las innovaciones en el sector industrial.

6. La moderada inflación favorece que se extiendan las conquistas de la productividad a los sectores en los que es difícil mejorar su productividad por ser de difícil tecnificación.

7. Al ser cada vez más complejo el mundo en el que interviene el empresario innovador, gran parte de la renta adicional que genera la gasta en pagar nuevos servicios a trabajadores, empresas o profesionales del sector servicios. La lista sería casi interminable: servicios jurídicos, asesoramiento fiscal, servicios de contabilidad y auditoría, formalización de nóminas, servicios informáticos, servicios bancarios, servicios notariales y registrales, servicios de protección de datos, servicios médicos, servicios de prevención de riesgos laborales… y además los costes fiscales, de seguridad social y de nóminas de sus trabajadores que normalmente también serán crecientes.

8. Las innovaciones tecnológicas de segunda generación,

favorecen la popularización a precios bajos de las innovaciones de primera generación (obsoletas), beneficiándose los consumidores de menores recursos económicos y, lo que es más importante, favoreciendo la competitividad de los países en vías de desarrollo.

En resumen, el Big-Bang económico, en beneficio de la sociedad y del reparto de rentas, lleva al empresario innovador al continuo desequilibrio, provocado por las constantes innovaciones que obligan a mantener en continua revisión su estructura de costes por su continua obsolescencia. *Podríamos decir que el empresario está en un continuo «sin vivir» semejante en el que se encuentra un adolescente enganchado a las últimas novedades tecnológicas.* Nunca conseguirá tener la última innovación y ese vicio le supondrá un gran quebranto económico. En ese difícil equilibrio debe moverse el empresario innovador y ese difícil equilibrio propicia en la sociedad el reparto y distribución de rentas con crecimiento, siendo el beneficio empresarial una renta residual.

7.- EL PAPEL DEL ESTADO EN NUESTRO MODELO LIBERAL NO EXCLUYENTE

Nuestro planteamiento en absoluto es contrario a la actividad de las administraciones públicas, *en la medida que sean un agente de innovación.* Se aplican las mismas reglas de actuación económica a la iniciativa privada y a la pública. En primer lugar, apoyamos sin reservas parte de la actuación propia del Estado en materias tan importantes como seguridad, orden público, protección de las libertades, servicios sociales básicos… y, además, se le reconoce la misma capacidad económica al Estado que a la iniciativa privada en el ámbito económico en la medida que sea capaz de introducir innovaciones tecnológicas, optimizar la gestión de recursos y seleccionar las inversiones correctamente (con el mismo criterio que las privadas).

Si observamos antiguas empresas públicas que han tenido y tienen gran importancia en la economía española, como Telefónica, Repsol, Endesa, Iberia, incluso la antigua TVE, lo han sido porque fueron capaces de capitanear grandes innovaciones tecnológicas con una adecuada selección de las inversiones y que contribuyeron tanto a la creación como a la distribución de la riqueza en España. *El Estado debe invertir innovando* en sentido amplio y no prestarse nunca a gastos superfluos, ni a gestionar prebendas, ni a administrar subvenciones sin generar valor añadido, ni a fomentar inversiones en las que no se haga una correcta selección en los términos definidos con anterioridad, ya que en caso contrario creará burbujas económicas de efectos perniciosos.

La actuación económica del Estado debe ser en competencia con la iniciativa privada y siempre favoreciendo la innovación tecnológica e impidiendo la monopolización de los sectores económicos. El Estado deberá invertir en la medida de sus restricciones presupuestarias, potenciando la innovación y a través de una correcta selección de las inversiones.

Nuestro planteamiento económico unifica el proceso de selección de inversiones en el ámbito privado y público. En ambas se debe maximizar el beneficio social o valor añadido, única forma que tiene la iniciativa privada de lograr un beneficio propio, tras pagar al resto de los factores (trabajadores, Estado, propietarios del capital). Deberían acometerse exclusivamente las inversiones Estatales que introdujeran cualquier tipo de innovación, mejorando la eficiencia del valor añadido del sector. En las demás, deberían ser subsidiarias respecto a la actividad privada.

8.- LA INNOVACIÓN EN EL CRECIMIENTO DE LOS PAÍSES POBRES

Los países pobres tienen dos grandes problemas: inestabilidad política y retraso tecnológico. Por tanto, lo primero que se debe intentar es favorecer modelos de libertad y no modelos que la cercenen y dificulten la innovación. Sin embargo, tienen una gran ventaja competitiva que se concretaría en aprovechar la imitación y copia de los modelos de éxito ya existentes en países desarrollados.

Otra cosa importante es ser conscientes de que el crecimiento económico llegará por la comercialización de bienes y productos en los que tengan una ventaja competitiva, imitando tecnologías adecuadas para el desarrollo de sus países, atraer inversión productiva de otros países e incorporar tecnología ya probada en sus procesos productivos. El proceso podría definirse así:

1º **La especialización:** Productos que por las peculiaridades económicas del país proporcionan ventajas competitivas en su producción o industrialización respecto a terceros.

2º **Captación de inversiones Extranjeras:** Países en los que haya *paz social y estabilidad* serán lugares de inversión de empresas cuyos mercados se estén saturando. También mediante las inversiones de empresas buscando la fabricación de sus productos con menores costes: deslocalización. Son las causas de la gran importancia que ha tenido en España la industria automovilística desde los años 80 hasta ahora.

3º **Innovación no puntera: Imitación.** La innovación es clave en nuestra concepción económica. En este terreno, los países en desarrollo pueden tener la ventaja de copiar los procesos tecnológicos de producción ya comprobados, consiguiendo los mismos productos a un menor coste y evitándose el gasto de investigación. Mercados de radios, de televisores, electrodomésticos…

4º **Creación de empresas locales competidoras de las multinacionales.** Es muy frecuente que trabajadores con iniciativa de empresas multinacionales sean capaces de organizar sus propias empresas en el mismo sector compitiendo con la multinacional. Se produce, en favor de la economía de todo el país, una socialización de la tecnología, del marketing y de los procesos productivos.

5º **Creación de empresas locales auxiliares de las multinacionales.** Es otro proceso muy frecuente, que como el anterior, provoca la expansión de la tecnología y de los métodos empresariales a todos los sectores económicos. Empresas multinacionales, por ejemplo, las de la automoción que subcontratan procesos productivos con empresas nacionales.

Todos estos procesos tienen que partir de cierta estabilidad política y de instituciones fiables. Por tanto, estas dos premisas deben ser los primeros objetivos de los países subdesarrollados o en vías de desarrollo, todo consejo distinto a los anteriores será un engaño por bien que suene o bienintencionado que fuere.

9.- LA NUEVA FUNCIÓN DE LAS ENTIDADES FINANCIERAS

Creemos que el sector financiero, en una economía sujeta a continuas innovaciones, debe cambiar sustancialmente algunos de sus comportamientos. Su viabilidad se centrará en su profesionalización para canalizar el ahorro sobrante en inversión productiva. Están llamados, es para lo que se crearon, a ser los analistas en la correcta selección de inversiones, que serán aquellas que favorezcan la innovación y que maximicen el valor añadido social. En concreto:

1. Las entidades financieras deben ofrecer a cada cliente individualizado productos financieros que sea capaz de entender. Debe primar la sencillez de los productos ofertados. Deben entenderlos los que los explican (comercializan) y los que los compran (clientes).

2. El perfil de los comercializadores de productos financieros tiene que ser más profesional y menos comercial.

3. Las concesiones y préstamos no deben realizarse exclusivamente con base en garantías ilíquidas como las hipotecas. La concesión de los riesgos financieros debe hacerse en función de la capacidad de retorno (generar rentas) del cliente o de las inversiones que se financian.

4. La Justificación última de las Entidades Financieras y de su «sui generis» capacidad para crear dinero proviene de su gran labor social y económica consistente en canalizar el ahorro sobrante hacia la inversión productiva. *En tal sentido, las Entidades Financieras deben sustituir a sus comerciales por expertos en el proceso de selección de inversiones innovadoras que incrementen el valor añadido social.*

5. Deberán diversificar riesgos y no creer que el sector de los inmuebles y las hipotecas no tiene riesgo porque su precio, en cualquier caso, crece constante y continuamente.

6. El que selecciona las inversiones debe ser consciente, por la estructura descapitalizada de las entidades financieras, que sus inversiones en relación a su pasivo, por cada fallido

puede provocar en su capital social un agujero diez veces superior al fallido. Deben ser prudentes en sus actuaciones, es más, la sociedad les debe exigir prudencia. *Una de las enseñanzas de la última crisis es que los que triunfan en la economía no son los aventureros arriesgados sino los innovadores prudentes.*

10.- LA CORRECTA SELECCIÓN DE LAS INVERSIONES COMO PIEDRA ANGULAR DEL NUEVO RELATO

Para finalizar, como broche final, con el fin de dar cobertura ideológica desde la teoría económica al nuevo relato de la economía liberal, basada en la innovación y libertad creadora, vamos a volver a Jean Baptiste Say, como también recientemente ha hecho Juan Ramón Rallo, defendiendo que lo más trascendental de la economía está en la oferta, no en la demanda, es decir, en la adecuada selección de las inversiones. Los artistas, los héroes son los empresarios, en el más amplio sentido de la palabra, que son capaces de crear y distribuir adecuadamente la riqueza, a través de hacer viables, rentables y útiles para el consumidor las continuas innovaciones que se ponen al servicio de la sociedad. Lo importante es la inversión continua, y como decía J. B. Say: «la oferta a través de la retribución de los costes (salarios, impuestos, intereses, alquileres, dividendos… rentas en general) creará la propia demanda y facilitará el crecimiento continuo. La clave es la correcta selección de estas inversiones».

Este planteamiento (muy criticado, en parte con razón por J.M. Keynes) sí será correcto, en nuestra modesta opinión, si la inversión es seleccionada correctamente a través de un procedimiento que maximice el valor añadido social. Es decir que tire hacia arriba del PIB y recoja por tanto el coste por obsolescencia derivado de la continua innovación.

10.1.- EL INTERÉS Y LA EFICIENCIA DEL CAPITAL EN UNA ECONOMÍA DINÁMICA CON INNOVACIONES TECNOLÓGICAS

La doctrina económica a lo largo de la historia, en nuestra opinión, no ha sido capaz de diferenciar claramente los conceptos que hacen referencia a la eficiencia, la eficacia y la rentabilidad de las inversiones. Esta falta de claridad en lo conceptual, que proviene ya de la época de Adam Smith, ha pasado por Keynes y por todas las principales escuelas económicas llegando hasta nuestros días. Lo más curioso de la situación es que los principales economistas han sido conscientes de que eran conceptos turbios y doctrinalmente resbaladizos, habiendo sido objeto de multitud de tratados económicos, que no han conseguido ser suficientemente claros, especialmente en el caso de economías abiertas sujetas a constantes innovaciones.

En nuestra modesta opinión, no se han sabido dar respuestas convincentes a las siguientes preguntas: ¿son iguales o deberían tender a ser iguales la eficiencia del capital y la tasa de interés? Aún en el caso de que se entendiese que deben ser iguales ¿tienen la misma consideración para un empresario que para un inversor meramente financiero? ¿La rentabilidad (interés) es un precio más del equilibrio general derivado de la escasez del capital o es un factor técnico que proviene de la productividad marginal que nos genera la nueva inversión? o incluso, ¿son ambos postulados equivalentes y tienen que tender a su convergencia dentro del equilibrio económico general?

Antes de intentar contestar a todas estas preguntas y para demostrar que la cuestión no es baladí, proponemos el siguiente texto de John Maynard Keynes en el que hace referencia a esta ambigüedad terminológica dentro de los tratados económicos:

> «La productividad, rendimiento, eficacia o utilidad del capital, son términos que usamos frecuentemente, sin que sea fácil encontrar una clara definición sobre lo que los economistas entienden con estos conceptos» (J. M. Keynes, The General Theory, Mac Millan, London 1970, p. 137).

Sin embargo, como luego veremos, Keynes no se apartó de dicha oscuridad terminológica, sino que ha impulsado con sus planteamientos una mayor confusión entre la rentabilidad del capital, el interés, la eficacia y la eficiencia de las inversiones.

En nuestra opinión, la oscuridad terminológica se debe a no distinguir, y por tanto confundir, el incremento de la renta nacional (incremento del valor añadido) como consecuencia de la inversión, con la rentabilidad privada (incremento de la renta privada-personal) que el empresario-capitalista obtiene de su capital. *Se están confundiendo la eficacia social y la eficacia privada de las inversiones.* Nuestra teoría entiende que, en una economía dinámica con innovaciones tecnológicas, en la que las inversiones se van quedando continuamente obsoletas, la única rentabilidad mensurable y válida económicamente es la eficacia de la inversión medida en términos de valor añadido, en la que hay que estudiar con especial atención la redistribución interna de las rentas a los distintos factores, en la que el beneficio (rentabilidad) privado del capitalista es una mera renta residual.

Sin embargo, en los tratados económicos, con el fin de determinar la correcta selección de las inversiones se utiliza como variable de referencia la rentabilidad privada del capital. Desde nuestro punto de vista y en una economía con innovaciones constantes, esta es una magnitud irrelevante, o al menos secundaria, ya que el beneficio privado es un mero espejismo o renta residual consecuencia del previo reparto y redistribución de rentas que se produce en la economía abierta y dinámica.

Así, desde nuestra perspectiva, distinguiremos:

- **Eficacia:** incremento de la renta como consecuencia de la inversión realizada. Es una magnitud que se expresa en valores absolutos.
- **Eficiencia:** sería la medición de la eficacia en relación a la inversión realizada, es decir, el incremento de renta generada en proporción al coste de la inversión realizada. Es, por tanto, una magnitud que se expresa en valores relativos en relación o proporción al coste de la inversión realizada.

Todavía más importante, en nuestra opinión, es la siguiente distinción:

- **Eficacia privada del capital:** son los incrementos en los retornos, rentas o beneficios que obtiene exclusivamente el empresario-capitalista a lo largo de la vida útil de la inversión. Su eficiencia sería la eficacia obtenida en proporción a la inversión realizada por el empresario con capitales propios. La podemos medir en tanto por uno o en tanto por ciento.
- **Eficacia social del capital o eficacia en términos de valor añadido:** son los incrementos en los retornos o rentas que obtienen el conjunto de los factores (sociedad) a lo largo de la vida útil de la inversión: incrementos en los pagos de salarios, alquileres, intereses, impuestos, seguridad social y finalmente del remanente o beneficio del empresario. Su eficiencia sería la eficacia obtenida en proporción a la inversión realizada por el empresario. La podemos medir, también, en tanto por uno o en tanto por ciento. Este

concepto ha sido estudiado especialmente por economistas soviéticos, como L. V. Kantorovich, para predicar las bondades de su sistema económico frente al capitalismo. Sin embargo, y es la aportación más importante que se hace desde estas páginas, donde tiene su máxima relevancia y efectividad social es en el marco de la economía libre. No por imposiciones políticas ni ideológicas sino por el actuar espontáneo de la capacidad de creación e invención del ser humano, como estamos analizando.

- **Intereses de una inversión financiera:** a diferencia de los conceptos anteriores, lo primero a destacar es que nos enfrentamos a un concepto de la economía financiera, casi nada que ver con la economía real. Los anteriores conceptos tienen más que ver con el concepto de productividad del capital. Su origen es fundamentalmente técnico y tiene que ver fundamentalmente con la innovación y la eficacia de los capitales. La rentabilidad de una inversión financiera es consecuencia de la utilidad que genera al prestatario poseer anticipadamente el dinero y del coste de oportunidad que soporta el prestamista por entregar anticipadamente su excedente dinerario. Es cierto que, en el largo plazo, en el límite, tenderán a acercarse en su valor, porque la utilidad que proporciona el capital dependerá de su productividad, pero es una relación secundaria, no es una igualdad a considerar a priori.

10.2.- EFICIENCIA DEL CAPITAL PRIVADO Y EFICIENCIA SOCIAL DE LA INVERSIÓN

10.2.1.- *En el marco de una economía estacionaria sin transformaciones tecnológicas ni innovaciones*

En una economía agraria o preindustrial sin transformaciones tecnológicas, las nuevas inversiones sustituyen por renovación a las antiguas máquinas sin posibilitar un aumento en la creación de riqueza. La inversión en utensilios (redes, arados, palas, picos…) o en máquinas (rueca, telar…) proporciona un rendimiento adicional *que se lo apropia en exclusiva el capitalista*. En este marco conceptual muchas de las críticas que el sistema capitalista recibió de Marx y de los economistas socialistas son mucho más difíciles de rebatir. En este contexto la teoría del valor objetivo es más fácil de articular.

En este contexto de economía estacionaria podríamos decir que la eficacia privada de las inversiones coincide con la eficacia social de las inversiones, o dicho de otro modo, que en este supuesto no existe como tal una eficacia social de las inversiones. En este supuesto nos encontraríamos también, en situación de equilibrio, que la rentabilidad del prestamista coincidiría con la obtenida por el inversor. El límite del interés que estaría dispuesto a pagar el inversor por solicitar dinero a préstamo sería el rendimiento adicional que va a obtener por su nueva inversión. *En este contexto de economía estacionaria, sí funcionan los planteamientos de la «economía marginalista».*

Por el contrario, en la economía actual sometida a constantes innovaciones técnicas, como veremos, no son fácilmente aplicables los conceptos marginalistas. En tal sentido, creemos que debe haber un cambio en el pensamiento económico, la economía dejó hace tiempo de ser un juego de suma cero, en el que se produce el equilibrio económico cuando el precio que pago es igual a la utilidad marginal que recibo, sino que se produce como consecuencia de una *explosión de riqueza* derivada de las constantes innovaciones tecnológicas, en el que el beneficio del capitalista es el último que se retribuye, si finalmente queda remanente (renta residual). *La riqueza no tiene causa en el empobrecimiento de otros, ni siquiera en el intercambio justo, sino en la explosión gratuita, generosa y muchas veces inconsciente, que la libertad humana de creación e innovación humana pone en funcionamiento a través de la empresa innovadora.*

Es por ello que la justificación última de la economía libre occidental no está tanto en la creación de riqueza mal distribuida, como tantas veces se dice, sino muy al contrario, en la redistribución de la riqueza que se opera en las economías dinámicas con continuas innovaciones tecnológicas como consecuencia de la libertad creativa del hombre.

10.2.2.- *En el marco de una economía dinámica con transformaciones tecnológicas e innovaciones*

En una economía con continuas transformaciones tecnológicas todo cambia. Las nuevas máquinas o instalaciones tienen una capacidad de generación de riqueza muy superior a las antiguas rompiéndose todos los equilibrios preexistentes. Se produce la gran explosión (EL BIG BANG ECONÓMICO) que cambia los conceptos económicos preestablecidos. Este nuevo concepto económico consiste en que la riqueza creada por la inversión del empresario redunda no en un beneficio propio, sino en un beneficio social en el que los trabajadores de los distintos sectores económicos son los más favorecidos: *la retribución al capital pierde prioridad en favor de las rentas del trabajo, en un primer momento, del propio sector económico, y con posterioridad del resto de los sectores económicos.*

Como paso previo para acercarnos al conocimiento de esta nueva metodología económica (BIG-BANG) hay que conocer las consecuencias en la pérdida de competitividad por obsolescencia de nuestras instalaciones, estudiando el coste de amortización por obsolescencia.

Así, *en el mismo instante* en el que se instala por otro empresario competidor una maquinaria innovadora, nuestra estructura de costes se ve afectada negativamente, ya no podremos competir en precios ni en calidad en las condiciones que preveíamos. Los costes de amortización que teníamos calculados dejan de ser reales, porque nuestra maquinaria dejará de sernos útil antes de lo que habíamos previsto. El incorrecto cálculo de nuestras amortizaciones, al no prever la obsolescencia, hace que parte de los retornos (cash-flow) procedentes de la venta de nuestros productos no sean excedentes repartibles, sino costes de amortización no previstos. Los beneficios que estábamos obteniendo cuando nuestra maquina era muy competitiva eran «cuasi-rentas» o espejismos de beneficios, por mala contabilización de los costes de amortización, que tendrán que compensarse con las pérdidas por la falta de competitividad de nuestra maquinaria en los últimos años de vida útil de dicha instalación (Descapitalización).

Además, las innovaciones tecnológicas provocan incrementos de productividad que, como luego estudiaremos, nos adentrarán en un entorno económico y empresarial en el que será necesario afrontar mayores costes salariales y fiscales para ser competitivos.

En definitiva, el beneficio es una cuasi-renta cuya existencia real está condicionada a que el empresario consiga un valor añadido de la inversión superior al de la competencia de forma tal que tras pagar al resto de los factores y tras proporcionar «al país» una mejora en su PIB, el empresario pueda conseguir una renta residual o beneficio.

En este marco no tiene sentido hablar ni de eficacia ni de eficiencia privada de las inversiones ya que no es de cuantificación complicada sino imposible. Por tanto, es un error querer igualar la productividad privada de las inversiones con el interés que demandan los ahorradores. *En definitiva, podríamos concluir que el tipo de interés en relación con la eficiencia marginal de las inversiones son variables no correlacionadas ya que hacen referencia a conceptos económicos diferentes, la segunda, si queremos ser rigurosos debe referirse al valor añadido generado por la inversión y, la primera, al beneficio privado.*

En consecuencia, el bajar los tipos de interés de la economía, como reiterada e inútilmente están proponiendo los diversos Bancos Centrales, no tiene efectos reales positivos en una economía dinámica con transformaciones tecnológicas. Los únicos efectos son exclusivamente dentro de la economía financiera y, además, son perniciosos ya que favorecen el endeudamiento ilimitado de personas, empresas y Estados. Este endeudamiento excesivo lleva a los agentes económicos tanto a delicadas situaciones de insolvencia como a inversiones equivocadas, que propician la creación de burbujas con precios artificiales de productos no solicitados por el mercado.

10.3.- LA EFICACIA DE LAS INVERSIONES EN KEYNES Y EN LOS KEYNESIANOS

La gran obra de John Maynard Keynes *La Teoría General de la ocupación del interés y el dinero* fue publicada en febrero de 1936. Su obra ve la luz en momentos convulsos para la humanidad, en medio de una gran crisis mundial, no sólo económica sino fundamentalmente de ideas y de valores. La libertad es refutada por el totalitarismo y la economía de mercado, que no era capaz de crear riqueza ni de distribuirla entre las distintas capas sociales; es refutada por las ideas Marxistas e intervencionistas (fascistas).

En este contexto el más importante e influyente economista del siglo XX es capaz de elaborar una completa teoría del saber económico *reformando desde dentro* la economía de los países libres. A diferencia de algunos de sus actuales seguidores, que provienen de las ilusiones intervencionistas socialistas, Keynes sueña con una economía libre en la que desaparezca el escándalo de la plusvalía que estigmatizó Marx. La gran ilusión de Keynes era un mejor funcionamiento del sistema capitalista con un rostro más humano y con menos desigualdades dentro del sistema.

Desde el punto de vista Keynesiano, en el futuro la distribución más igualitaria de la renta no solamente no va a estar en contradicción con el sistema capitalista, sino que va a ser una exigencia técnica del mismo, para atemperar el exceso de ahorro social, a través de las inversiones que corresponden al nivel de consumo de una sociedad desarrollada. Keynes estudió los fallos del mercado, y sus ineficiencias, como por demás corroboraba la llamada Crisis del 29.

Ante esta situación de ineficacia del mercado, volvió los ojos hacia el Estado como único ente capaz de conseguir una asignación correcta de la inversión, el ahorro sobrante y el consumo, y que además fuese capaz de determinar el tipo de interés que catapultase dicha asignación correcta para un nivel determinado de empleo u ocupación. El Estado, a través de políticas de demanda: aumento de los impuestos, aumento de la oferta monetaria y grandes inversiones, sería el encargado de dirigir la economía al equilibrio. Vamos a criticar, nosotros, el exceso Keynesiano en las políticas de demanda, así como la sumisión de la acción humana económica a la intervención estatal, tras expresar nuestra identificación con otros planteamientos Keynesianos, y especialmente con su deseo de vivir en una economía libre con rostro humano, pero ese rostro, nosotros, lo encontramos en las políticas de oferta hechas por los empresarios en su continua acción humana caracterizada por la innovación creativa y libre. Ese modelo libre sustituye y mejora el intervencionismo estatal, que se agota creando burbujas, prebendas privilegios, dependencia y sometimiento.

Vamos a extractar de su libro dos párrafos clarificadores en este sentido:

> «Espero ver al Estado, que está en situación de poder calcular la eficiencia marginal de los bienes de capital a largo plazo sobre la base de la conveniencia social general, asumir una responsabilidad cada vez mayor en la organización directa de las inversiones…» (J.M. Keynes, Op. cit., p. 149).

> «Por tanto, en condiciones de Laissez faire, quizá sea inevitable evitar las fluctuaciones amplias en la ocupación sin un cambio trascendental en la psicología de los mercados de inversión, cambio que no hay razón para esperar que ocurra. En conclusión, afirmo que el deber de ordenar el volumen actual de la inversión no puede dejarse con garantías de seguridad en manos de los particulares…» (J.M. Keynes, Op. cit., p. 285).

Hemos dicho que Keynes acierta en muchos de sus postulados económicos entre los que queremos resaltar especialmente dos:

a. El mercado por sí mismo no garantiza el equilibrio con pleno empleo, y

b. en las economías desarrolladas uno de los problemas fundamentales es el exceso de ahorro que provoca inversiones especulativas pagándose precios fuera de mercado, por tanto, la justificación del interés no puede ser la valoración de la abstinencia.

Sin embargo, conforme a lo expuesto y en nuestra modesta opinión, falla en otros de sus postulados económicos de su Teoría General: cuando hace referencia a la demanda de inversión y, en especial, cuando estudia de forma simple el interés y la eficiencia marginal del capital. *Subrayamos que esta doctrina es una parte central y trascendental de sus postulados económicos*, hasta el punto de que las consecuencias de estos errores llegan a nuestros días, especialmente en las interpretaciones económicas simplistas que, en relación a los tipos de interés, hacen los seguidores de Keynes en entorno de crisis. Vamos a verlo.

Como ya dijimos anteriormente, el defecto fundamental está en no distinguir en su análisis entre una economía estacionaria y una economía dinámica con innovaciones tecnológicas.

Como consecuencia de esa no diferenciación se incurre en los siguientes errores:

A) *Primer error: La eficiencia marginal de la inversión social no es considerada por Keynes como parámetro económico relevante.*

Cuando hace referencia a ella la confunde con la eficacia privada del capital. *Keynes hace descansar su Teoría General sobre la piedra angular de la eficiencia marginal del capital privado que será la base para la toma de decisiones sobre la inversión y, en consecuencia, del ahorro y del consumo.* Como hemos dicho, en nuestra opinión, dicha magnitud en una economía con innovaciones tecnológicas no es fácilmente cuantificable y, lo que es más trascendente, no aporta información relevante ni es utilizada por los agentes económicos en su toma de decisiones. La eficiencia marginal del capital privado es una magnitud residual o derivada de la eficacia social que sí es fácilmente cuantificable (PIB). Siguiendo la terminología de Von Mises, la eficiencia marginal de la inversión privada es consecuencia de la cataláctica, es decir, es derivada de las distintas transferencias de rentas que se llevan a cabo entre los diversos factores (trabajo/capital) y entre los distintos sectores de la economía sujetos a productividades diferentes que provocan una asunción diferente en cada sector de los incrementos en los precios.

Sin embargo, vamos a ver como Keynes, sin justificación económica alguna dentro de las economías dinámicas, otorga a la relación entre la eficiencia del capital privado y el interés financiero una relevancia económica fundamental, convirtiéndola en la piedra angular de sus postulados teóricos. Este pensamiento llega hasta nosotros sin apenas ser sometido a la crítica y al debate económico.

Así en el capítulo tercero de su Teoría General al hablar del empleo y la inversión necesaria para conseguir la mayor ocupación posible dice:

> «El incentivo para invertir depende de la relación entre la curva de eficiencia marginal del capital y el conjunto de tasas de interés sobre préstamos de diversos plazos y riesgos».

Podríamos contestar dicha afirmación con lo manifestado por Federico Leach Albert en la página 44 de su libro *La eficacia del capital* (Zaragoza, 1986):

> «El error básico de que se parte en las ecuaciones de equilibrio a la hora de ir a una determinación del tipo real es la de igualar el interés que demandan los ahorradores con la 'productividad' de las inversiones, que no es válida más que para una economía estática».

En nuestra opinión, este error cometido por Keynes en lo que es un fundamento de su Teoría General, llega hasta nuestros días a través de la política económica que han realizado sus seguidores.

B) *Segundo error: En una economía dinámica no son aplicables los postulados del marginalismo económico.*

Dicha escuela económica, simplificando, se somete acríticamente al concepto matemático de «derivada» que tiene como únicas virtudes ser muy intuitivo y ser objeto de una fácil modelización formal matemática. Esta formulación ha hecho fortuna en los estudios de la mayoría de las Facultades de Economía y es muy útil para fijar los conceptos en mercados basados en el intercambio de bienes que no crean valor (intercambios con suma cero) y que son los propios de economías agrarias o estacionarias. Sin embargo, no son capaces de explicar y sí de confundir al estudiante ante fenómenos de intercambios masivos de rentas y de precios en la que los distintos factores pueden obtener mutuos beneficios de sus intercambios, realidades económicas que son las propias de economías dinámicas con innovaciones tecnológicas (big-bang económico) o (procesos catalácticos en la terminología de Von Mises).

C) *Tercer error: Su Teoría económica no distingue entre intereses monetarios nominales y reales.*

En la teoría Keynesiana debería llamar la atención, al más profano de los curiosos que a su lectura se acercase, la no diferenciación entre intereses reales e intereses nominales. Como consecuencia de la gran influencia que tiene el pensamiento Keynesiano en todos los tratados económicos actuales, esta diferenciación apenas nunca se realiza, lo que nos parece un error a subsanar, debiéndose diferenciar, en todo tratado económico cuando se analice el tipo de interés, si nos referimos a intereses nominales o reales.

Keynes muestra su prevención ante las posibles altas tasas en los intereses del capital que se pagarían a los capitalistas en una economía caracterizada precisamente por los excedentes de ahorro. Estas elevadas tasas impedirían canalizar el ahorro sobrante a la inversión productiva y serían una de las causas de la paralización económica. Como hemos visto en sus textos, Keynes pedía la intervención activa del Estado para conseguir coactivamente, si fuese necesario, un tipo de interés lo más bajo posible y evitar esas perniciosas consecuencias.

Sin embargo, en la economía real sin necesidad de intervención estatal, si analizamos los tipos de interés reales (tipo de interés nominal descontado por la inflación), a excepción de momentos históricos muy esporádicos, nos encontramos con que la tasa real de interés ha sido siempre muy baja, próxima a cero, tasas reales que justo sirven para cubrir el coste operativo de intermediación de las entidades financieras.

D) *Cuarto error: Solicitar la imposición coactiva por parte del Estado de bajas tasas de interés: El paraíso keynesiano.*

Vamos a comentar unos conocidos textos de la *Teoría General* de Keynes en los que expresa las características de la sociedad capitalista por él soñada a la que se podría llegar, según pensaba, en el transcurso de una generación:

> «Supongamos que se cumplen las condiciones para asegurar que la tasa de interés es consistente con la tasa de inversión que corresponde al pleno empleo. Supongamos además que la acción del Estado contribuye a que el crecimiento del equipo capital se aproxime al punto de saturación en el que no supone una carga desproporcionada sobre el estándar de vida de la generación presente.
>
> Sobre tales circunstancias yo conjeturaría que una comunidad equipada con modernos recursos técnicos sería capaz de rebajar la eficiencia marginal del capital a cero en una sola generación, de modo que alcanzaríamos las condiciones de una sociedad cuasi estacionaria en la que los cambios y el progreso resultarían únicamente de cambios en la técnica, gustos…»
>
> «Si supongo que el producir bienes de capital llega a ser relativamente tan fácil como para hacer que su abundancia haga su eficiencia marginal cero, éste puede ser el camino más adecuado para ir reduciendo gradualmente muchos de los aspectos más objetables del capitalismo. Con una pequeña reflexión mostraré qué enorme cambio social resultaría de una gradual desaparición de la tasa de retorno sobre la riqueza acumulada. Un hombre

sería libre de acumular su renta ganada con vistas a gastarla en una fecha posterior, pero esta acumulación no crecería». (J. M. Keynes, Op. cit., pp. 220 y 221).

Estos textos vuelven a darnos la razón en comentarios ya expuestos:

1º) Vincula los intereses del capital, sin diferenciar si son reales o nominales, a la eficiencia marginal de la inversión privada ignorando la verdadera dimensión social de la productividad de las inversiones. Esta interpretación parte de la base errónea de que todo el aumento de la producción logrado por las innovaciones técnicas tiende a ser absorbido por los intereses que cobran los capitalistas privados. Como ya hemos dicho, esta interpretación únicamente sería válida para una economía agraria, ni siquiera lo sería al 100% para una economía industrial en sus albores.

2º) Keynes y sus seguidores, en nuestra opinión equivocadamente, otorgan poderes taumatúrgicos al Estado para curar cualquier mal económico mediante la bajada de los tipos de interés. En su receta no diferencian si la bajada hay que referirla a intereses reales o nominales, lo que ha provocado una bajada «forzada» de intereses nominales que ha llevado en ocasiones a escenarios con intereses reales negativos. El resultado de esta política económica es otorgar un poder omnipotente e irracional a la economía financiera (monetaria) frente a la economía real, que debería someterse a los dictados monetaristas del tipo de interés «nominal», que actuaría como la herramienta mágica que nos conduce a un equilibrio económico con crecimiento. Desde esta perspectiva habría que interpretar las medidas de la Reserva Federal de lo EEUU y del Banco Central Europeo obsesionados por deleitarnos con un tipo de interés nominal bajísimo que propiciase una eficiencia marginal nula de las inversiones privadas y así favorecer cualquier tipo de inversión. Sin embargo, en nuestra opinión, y como ya dijimos, lo que han conseguido son efectos contrarios a los buscados:

a. El tipo de interés nominal bajísimo favorece una tendencia descontrolada al endeudamiento sin selección en las inversiones. Estas dos causas han propiciado la aparición de productos sin mercado con sobreprecios (burbujas).

b. Según lo que hemos expuesto, la variable operativa para la selección de inversiones no debería ser la eficiencia marginal del capital privado sino *la eficiencia marginal calculada en términos del valor añadido*. Todos los estudios económicos, tanto en el ámbito de la macro economía como de la economía de la empresa, de selección de inversiones se hacen en base a la actualización de beneficios privados futuros, sin embargo, en nuestra opinión, como consecuencia de la influencia de la obsolescencia en la determinación de los costes de amortización, estos beneficios no son sino rentas residuales, por tanto, no determinables por el empresario de forma independiente. En consecuencia, el beneficio futuro estimado puede ser mayor al real, al no incorporar como coste la valoración correcta de la obsolescencia y, en consecuencia, la determinación del VAN (Valor Actual Neto) es incorrecta.

   Este error conceptual ha hecho que se seleccionen como buenas inversiones sin viabilidad económica alguna; en la España actual tenemos muchos ejemplos: aeropuertos sin viajeros, viviendas que nadie compra, servicios públicos que no se pueden pagar…

   Si descontamos beneficios irreales sin considerar la obsolescencia (mayores de los reales) y hacemos el denominador lo pequeño que queramos, mediante artificiales bajadas del tipo de interés, todas las inversiones por descabelladas que lo sean, serán falsamente rentables.

Al aplicar como selector el modelo VAN (Maximización del valor actualizado neto de las Inversiones) casi todas las inversiones nos saldrían admisibles si consiguiésemos un interés de descuento lo suficientemente pequeño.

SELECTOR: Maximizar el VAN (en el supuesto de una renta constante y perpetúa) = BENEFICIO/INTERÉS

c. El sistema financiero ha buscado su fundamento no en la eficiencia social de la inversión sino en la falsa rentabilidad financiera propiciada por sus nuevos instrumentos financieros sin ninguna conexión con las inversiones reales de la economía, creados en la ensoñación de que eran capaces de autogenerar su propia demanda en base al crédito ilimitado. *Emancipación adolescente y alocada de un sistema financiero que ha creído en su auto justificación al margen de la economía real*, tal vez el principal problema de las crisis financieras por endeudamiento excesivo.

d. Y finalmente el paraíso keynesiano llegó: intereses nominales bajísimos, intereses reales negativos, todo el ahorro en poder del endeudadísimo Estado benefactor, no hay recursos para financiar inversiones con innovaciones tecnológicas, la economía se torna estacionaria en la que las inversiones no redundan en los trabajadores sino en el propio capital, la eficiencia del capital se vuelve negativa, la eficiencia social de la inversión decreciendo, es decir la situación actual de nuestra economía.

Keynes, a pesar de todas sus aportaciones económicas, en nuestra opinión, no fue capaz de ver que en una economía dinámica *la fuerza de la libertad de creación,* a través de las innovaciones tecnológicas, sin necesidad de la intervención de ninguna oligarquía estatal o financiera benefactora, nos llevaría a un crecimiento económico que estaría acompañado con una justa redistribución de las rentas. En este sentido el sueño keynesiano se podría conseguir gracias a la conjunción de múltiples acciones humanas libres entre las que jugaría un papel muy relevante la libertad de creación e innovación humana, probablemente la que explica de forma más singular la naturaleza del Hombre.

10.4.- LA ACCIÓN HUMANA Y LAS INNOVACIONES TECNOLÓGICAS, ACERCAMIENTO AL PENSAMIENTO DE LUDWIG VON MISES.

Anteriormente hemos confrontado los principios económicos que se defendemos, con algunos de los criterios expuestos por John Maynard Keynes, del que dijimos que era el economista más importante del siglo XX. A continuación, desde la misma perspectiva, vamos a acercarnos al pensamiento expuesto por otro de los economistas más relevantes del siglo XX, fundador de la escuela liberal que se ha denominada como austriaca: Ludwig Von Mises. Su obra más importante, *La acción humana*, publicada por primera vez en 1949, constituye una obra clave en el entendimiento de la escuela liberal austriaca que fundamenta el conocimiento económico en la acción subjetiva del ser humano.

Resumiendo, tal vez demasiado, pero en interés de nuestra exposición, *podemos simplificar en dos los principios económicos más importantes de la obra de Mises: La acción humana y la cataláctica.* Dichos principios los vamos a desarrollar desde nuestras propuestas económicas y, por tanto, dentro de una economía dinámica con continuas transformaciones. Estudiaremos las innovaciones como parte de la acción humana que es fruto de la capacidad creadora de la libertad humana y, por otro lado, analizaremos la obsolescencia y la eficiencia del capital como las magnitudes que explican el reparto y distribución de rentas que operan dentro del mercado, de una forma similar, aunque con matices, a lo que Mises bautizó como cataláctica:

> «En nuestro mundo real, todos los precios fluctúan y los hombres tienen que acomodar sus actuaciones a tales transformaciones. Precisamente porque prevén cambios de los que pretenden obtener un beneficio, los empresarios se entregan a sus actuaciones mercantiles y los capitalistas modifican sus inversiones. La economía de mercado es un sistema social que se caracteriza por el predominio de un permanente empeño de mejora. Los individuos más emprendedores y más providentes buscan el lucro personal readaptando continuamente la producción, para atender del mejor modo posible las necesidades de los consumidores, tanto las que estos sienten y conocen como aquellas otras que todavía ni siquiera han advertido. Estas actuaciones especulativas revolucionan a diario las variaciones en el interés bruto de mercado...»
>
> «Los diferentes tipos de interés no tienen de común más que los distintos componentes que en ellos distingue la teoría cataláctica» (Ludwig Von Mises, La acción humana, Madrid, 2009, Unión editorial, 9ª edición, p. 644).

La acción humana: Mises en su tratado económico realiza un estudio completo de toda la actividad económica humana, para explicar que las fuerzas contrapesadas de las distintas subjetividades e intereses humanos proporcionan un crecimiento económico en el que se produce una transferencia de rentas desde el capital hacia las rentas del trabajo. En este conjunto de acciones humanas Von Mises destaca el papel de la voluntad de los consumidores a la que debe adaptarse y someterse la acción del empresario si quiere tener éxito. Acompañando a los tradicionales motores de la acción humana (el beneficio, el salario, el interés del capital...) aparece un nuevo sujeto, el consumidor, que los matiza y los condiciona mediante la necesidad de anticipar y prever los gustos, intereses y exigencias de dichos consumidores (derecho de los consumidores).

En el planteamiento de Mises cada modificación en los gustos e intereses de los consumidores afectará a las inversiones presentes y futuras de los empresarios, de forma tal que sólo sobrevivirán los empresarios capaces de anticipar los gustos e intereses de dichos consumidores. Es, como vemos, un planteamiento en el que priman los elementos subjetivos de la acción humana en la explicación del proceso económico. De tal manera que los intereses brutos no son variables relevantes en la selección de las inversiones, al contrario, el interés es una magnitud cambiante y dependiente de las múltiples decisiones contrapuestas de innumerables consumidores que operan continuamente en los distintos mercados.

En nuestro planteamiento, a lo expuesto por Mises introducimos un nuevo actor económico: los innovadores, que tienen la máxima trascendencia en nuestros planteamientos *ya que no sólo multiplican la creación de la riqueza, sino que también obligan a su reparto y distribución entre los distintos sectores sociales, lo que legitima a la economía libre occidental.* La inversión innovadora, que aporta a la sociedad avances tecnológicos, tiene como consecuencia la transferencia de rentas desde el capital obsoleto hacia el resto de los factores, especialmente a favor de los trabajadores. Los innovadores, a través de su creación, provocan una situación de inferioridad técnica y económica en los empresarios no innovadores que no han sido capaces de asumir el progreso técnico de la sociedad, quedando sus instalaciones «obsoletas».

En nuestro proceso cataláctico de reparto y distribución de rentas, junto con elementos subjetivos, se incorporan elementos técnicos como la productividad y el valor añadido que son fácilmente medibles en términos de eficacia y eficiencia social y, por tanto, de cuantificar y de proporcionar datos mensurables para la actuación económica de empresarios y economistas.

Desde esta nueva perspectiva podríamos redefinir *la acción humana*, de la siguiente manera: La interacción en el mercado libre de los empresarios, trabajadores, consumidores e innovadores produciendo una redistribución económica de las rentas generadas a favor de una sociedad con mayor riqueza y más justamente distribuida. En el mercado se conjuga la libertad de los agentes económicos con la libertad creadora e innovadora del hombre que matiza y condiciona las otras libertades, orientándolas a una economía más justa y eficiente.

10.5.- NUESTRA PROPUESTA ANALÍTICA DE MODELO ECONÓMICO

En nuestra propuesta, *como criterios alternativos de selección de inversiones y medidores de la eficiencia del capital utilizaremos el ARVA y el TARVA*. Vamos a definirlos.

1) El ARVA: actualización de los rendimientos netos de todos los factores valorados en términos de valor añadido.

Como sustituto del selector del VAN proponemos el ARVA. *La correcta selección de inversiones*, en nuestra opinión, debería realizarse a través de un parámetro económico que mida los retornos económicos de la inversión cuantificados en términos de valor añadido, y que podríamos denominar ARVA (*actualización de rendimientos netos futuros de todos los factores en términos de valor añadido*).

De esta forma seleccionaríamos aquellas inversiones que nos proporcionasen un mayor ARVA, *sujetas a la restricción de que los retornos netos futuros de tesorería, sin actualizar, fuesen mayores que el coste histórico de la inversión.*

Con este criterio nos alejaríamos del beneficio privado como variable a estimar que, como hemos dicho, es de difícil control empresarial y económicamente de dificilísima estimación (es un concepto más jurídico que económico). Sustituiríamos el beneficio por realidades económicas con tendencias temporales más claras y con una estimación mucho más fiable, como es la del valor añadido generado en el sector económico en el que se va a acometer la inversión, o incluso, si hablásemos del equilibrio general, del valor añadido nacional.

El cálculo del ARVA se obtiene mediante la actualización de los valores añadidos generados por la inversión durante su vida útil. El cálculo del valor añadido es más sencillo y menos sujeto a la discrecionalidad jurídica-fiscal-contable-económica del beneficio que, como decimos, es una cuasi renta residual.

Este criterio entre inversiones alternativas seleccionaría las inversiones que nos ofreciesen *un mayor valor del ARVA, siempre sujeta a la restricción del cash-flow positivo no deflactado de la inversión.* Esta restricción es para eliminar inversiones ineficientes por el pago de sobre costes fundamentalmente de personal. La aplicación del ARVA debe acompañarse, por tanto, por una política eficaz de control de costes.

$$\mathbf{ARVA} = \sum_{i=1}^{n} \frac{RNVA_i}{(1+d)^i}$$ *siendo:*

RNVAi = Los Rendimientos netos calculados en términos de valor añadido de cada uno de los periodos de vida útil de la inversión sujetos a la limitación que proporcionen al empresario un cash-flow positivo a lo largo de la vida útil.

i = Los periodos de vida útil.
d = El deflactor.

ARVA simplificado para el caso de una renta perpetua de valor añadido generado de forma constante: Simplificación que procede de tomar límites cuando el número de términos tiende a infinito:

ARVA = VALOR AÑADIDO NETO GENERADO CONSTANTEMENTE / DEFLACTOR

(Estimado como valor actual de una renta perpetua de términos constantes de generación de valor añadido).

<u>Ventajas e inconvenientes del ARVA</u>:

- VENTAJAS:
  - A diferencia del VAN, la TIR o rentabilidad financiera o el tipo de interés cuantifica valores más sencillos de medir (valor añadido frente al beneficio) y que proporcionan una información más relevante en una economía abierta, dinámica y con contantes innovaciones.
  - Tiene en consideración la obsolescencia y el reparto de rentas que dicho fenómeno provoca dentro de la economía. El Big-Bang produce un traslado de la renta desde el empresario hacia el resto de los factores productivos como consecuencia de la innovación.
  - Es un parámetro que tiene en consideración valores económicos propios de la microeconomía y de la macroeconomía, permitiendo un estudio global de la ciencia económica sin compartimentos.
  - Es un parámetro que fusiona el aspecto dual de la economía (oferta con demanda, por un lado, e inversión real con financiación, por otro lado), al tener en consideración

tanto las rentas que se generan en la economía (valor añadido) con la selección de las inversiones reales.

- INCONVENIENTE:
  El mayor inconveniente es la búsqueda del deflactor que actualice los valores añadidos generados en los diversos periodos de vida útil. Encontrar, en definitiva, *el valor de la eficiencia del capital medido en términos de valor añadido.* Este problema es el que soluciona el siguiente selector, que denominaremos TARVA (Tasa de Actualización de los Rendimientos medidos en términos de Valor Añadido).

2) La Tasa de Actualización de los Rendimientos Netos medidos en términos de Valor Añadido (TARVA)

El TARVA Sería un valor análogo al TIR y, por tanto, sería la tasa de rendimiento interno que nos proporcionan los ARVAs por encima del valor de los de las inversiones alternativas, medidos en la forma indicada en el epígrafe anterior, es decir, en términos de valor añadido y con la restricción indicada de cash-flow positivo, por tanto.

$$\mathbf{ARVAo} = \sum_{i=1}^{n} \frac{RNVA_i}{(1+d+TARVA)^i}$$ *siendo*:

ARVAo: El rendimiento neto actualizado en términos de valor añadido de la inversión a sustituir o de la inversión alternativa con la que se compara la inversión que analizamos.

RNVAi: El valor añadido conjunto de los factores que componen la inversión en cada periodo.

i: Los distintos periodos de vida útil de la inversión que analizamos.

n: La vida útil de la inversión que analizamos.

d: Deflactor

Como vemos, al estar descontados los rendimientos netos de valor añadido por un deflactor, el TARVA siempre tendrá el carácter de una tasa de retorno **de carácter real** y no nominal.

De esta forma seleccionaremos las inversiones que nos proporciones un TARVA mayor, es decir, las que nos ofrezcan una mayor eficiencia real del capital medida en términos de valor añadido mayor.

Queremos hacer ver que este valor no tiene nada que ver con la rentabilidad financiera ni con el interés que han sido los parámetros en los que se ha sustentado el análisis económico de todas las principales escuelas económicas provocando todas las disfunciones a las que nos hemos ido refiriendo en este trabajo, especialmente cuando queremos analizar un entorno económico abierto dinámico y con continuas innovaciones. Creemos que este estudio abre un camino para nuevos estudios que perfecciones los medidores planteados y especialmente que analicen el reparto y distribución de las rentas que se producen como consecuencia de la dupla (innovación/obsolescencia) a través de la explosión económica que hemos llamado del Big-Bang. La no consideración de estos hechos relevantes provoca, en nuestra opinión, que todos los estudios sobre la pobreza/riqueza estén distorsionados y no sean válidos al no haberse contabilizado correctamente todas las transferencias de rentas hechas desde el capital al resto de los factores productivos, a las que nos hemos referido en el estudio del Big-Bang, y que son consecuencia de la constante innovación.

10.6.- LA EFICIENCIA DEL CAPITAL, LA OBSOLESCENCIA Y LA CATALÁCTICA

En una economía dinámica el crecimiento económico, la eficacia que produce una inversión no redunda exclusivamente en el capitalista, sino que se distribuye entre el propio capital, los trabajadores de los distintos sectores económicos y el Estado a través de mayores recaudaciones de la Seguridad Social y de la Hacienda Pública. Como consecuencia de esta premisa, como ya dijimos frente a la opinión de Keynes, para la selección de las inversiones, la variable a considerar no es ni el tipo de interés ni la eficiencia del capital privado sino la eficiencia social o, lo que es lo mismo, la eficiencia de la inversión medida en términos de valor añadido. Pues bien, coincidimos con Ludwig Von Mises en la inexactitud de la eficiencia del capital privado como variable para determinar el nivel de inversión y empleo en una economía, sin embargo, aunque vislumbre el efecto cataláctico del reparto de rentas que se produce en las economías libres, no lo explica desde la perspectiva de la maximización del valor añadido como forma justa de crecimiento en nuestra economía occidental.

Aquí hemos intentado dar una explicación económica a esos fenómenos que Mises califica de intercambios múltiples y complicados (catalácticos) con las explicaciones propuestas sobre las consecuencias económicas de la obsolescencia y la eficiencia del valor añadido de la inversión, que concluyen en el que hemos llamado BIG-BANG ECONÓMICO de creación y reparto de la riqueza.

Estos fenómenos como vemos son capaces de *integrar la microeconomía* (a través del correcto cálculo del coste de amortización, incorporando a la determinación de la amortización el coste por obsolescencia) *y la macroeconomía* que estudiará el reparto de rentas entre los distintos factores en base a la eficiencia del capital medido en términos de valor añadido, en el que se computará la redistribución realizada a través de las nuevas incorporaciones tecnológicas y la obsolescencia. En relación a estos temas y como colofón a lo expuesto, reproducimos dos párrafos del libro *La eficacia del capital*, de Federico Leach Albert, mi padre, al que debo la originalidad de todos estos planteamientos:

> Página 12: «Desde el momento en que como consecuencia del desarrollo se producen transferencias de renta del capital a los otros factores de la producción, la amortización necesaria para preservar la rentabilidad del capital en una empresa es mayor que la necesaria para preservar el valor añadido y, por tanto, la renta nacional, lo que nos lleva a la conclusión de que las amortizaciones en macroeconomía no se pueden determinar como un simple agregado de las amortizaciones microeconómicas, de donde se deduce que los límites entre amortización e inversión son distintos en la contabilidad privada y en la contabilidad nacional».
>
> Y en la página 66: «Cuando la medición de la renta nacional se hace a base de magnitudes macroeconómicas, deduciendo del PNB la suma de las amortizaciones por los entes y particulares de la nación, se está incurriendo en un error al fijar el límite entre las amortizaciones y la inversión, pues en las contabilidades particulares, en concepto de obsolescencia, se está amortizando la parte de renta que se traslada a los otros factores de producción y que suponen un montante de la Renta Nacional. Sin embargo, este error queda compensado en mayor o menor grado con otro de signo contrario que obedece a considerar como renta el íntegro de la renta percibida por los capitalistas a pesar de que ésta, en gran parte, no constituye renta, sino simplemente reintegro del valor de la inversión financiera en constante proceso de depreciación».

A MODO DE CONCLUSIONES

I. El Dios cristiano necesita salir de sí mismo, comunicarse y mostrar su esencia de amor y libertad, primero mediante la creación del mundo en el Génesis, y posteriormente mediante la encarnación de su Hijo en el mundo, para salvarlo del pecado. El Dios de Jesús es un Dios amor que se comunica con el hombre, al que le dota de libertad y capacidad para hacer el bien, transformando el mundo creado por Dios. La esencia del Dios cristiano es una libertad abierta a los demás. La salvación y la vida eterna serán consecuencia de la correcta utilización de esa libertad humana, que deberá ser misericordiosa, nunca ensimismada.

II. Jesús se caracteriza por ser ajeno a las normas del judaísmo; no es amigo de las doctrinas ni de las normas, incluso me atrevería a decir ni de las grandes organizaciones. Su vida es la norma: «Amaos unos a otros como yo os he amado». En el lavatorio de los pies, horas antes de morir para salvar a todos los hombres, nos teatraliza su legado. Libertad y misericordia. Libertad en favor de los demás o en favor de todos. Es la verdad máxima. La libertad es siempre condición necesaria, aunque no suficiente, la libertad deberá trascender el beneficio propio para ser éticamente aceptable.

III. La Escuela de Salamanca está formado por eminentes teólogos, filósofos, historiadores, y en general grandes intelectuales españoles de nuestro Siglo de Oro que, desde su concepción católica, tomista, y fundada en el derecho natural, dan respuesta a dos grandes nuevos retos a los que se enfrenta el nuevo mundo en el siglo XVI, tras la conquista de América por los españoles: las relaciones mercantiles - económicas y los derechos de los pobladores de los países americanos. Son fundamentalmente religiosos: dominicos y jesuitas (más de los primeros), y sus respuestas son valiosísimas. Crean la primera doctrina universal sobre derechos fundamentales para todos los hombres, con independencia de su raza y religión, el «ius gentium», y son también capaces de analizar el comercio y la economía, sin desdeñarlos ni menospreciarlos como tradicionalmente había hecho la iglesia; al contrario, analizándolos desde principios de ética y de justicia y proponiendo interesantes conceptos sobre la inflación, los impuestos, el déficit, la deuda, el dinero, el interés, el préstamo. Algunos de esos principios, más tarde, los abrazarán los economistas liberales: el temor reverencial al déficit y a la deuda, la creación de inflación por la excesiva circulación de moneda, el valor subjetivo de los bienes económicos, la inflación como impuesto a los pobres… Hacen un estudio económico fundamentado desde la ética, desde el derecho natural, cuya autoridad estaría por encima incluso del rey, hoy diríamos del Estado.

IV. Dentro de esta escuela destacamos al jesuita que homenajeamos: Juan de Mariana. La libertad es la herramienta fundamental de los Ejercicios Espirituales de san Ignacio: «Ponernos libremente en disposición de conocer a Cristo para más amarle y mejor seguirle». Es un camino espiritual para usar nuestra libertad para los demás, en favor de los otros. San Ignacio, frente al protestantismo que cree en la predestinación y no en la salvación por las obras, hace del estudio de la libertad humana su camino espiritual. Juan de Mariana es uno de los primeros e ilustres seguidores de san Ignacio y, por tanto, la libertad ignaciana fue uno de sus referentes. El otro fue su inconformismo rebelde que le lleva a enfrentarse con el poder en defensa de los más débiles. Es el primer jesuita crítico, pero no se paró allí, y se enfrentó a todos los poderosos de su tiempo: al duque de Lerma y al rey Felipe III. Estamos ante un intelectual valiente, brillante y polifacético: historiador, filósofo, teólogo, jurista, incluso economista que en uso de su libertad y para defender a los más necesitados se enfrenta al poder con base en sus principios éticos. Este es el rasgo que destacamos en Mariana: su enfrentamiento al poder para defender a los más necesitados en base a los principios de la libertad y la justicia. Aunque haya sido poco reconocido en su propia casa, su pensamiento tuvo un gran impacto: en el republicanismo francés, en el constitucionalismo norteamericano y en el liberalismo austriaco.

V. La conexión Viena-Salamanca se produce a través de una discípula de Hayek, que asume luego en propia persona el mismo Hayek, citando en su repuesta, durante la concesión del Premio Nobel de Economía, a los jesuitas españoles del siglo de oro como los primeros en fundamentar la teoría subjetiva del valor de los bienes frente a la teoría del valor objetivo, que había formulado el propio Adam Smith. Sin embargo, en nuestra opinión, la frustración de los economistas de la escuela de Viena con Adam Smith, además de por su teoría del valor, radica en no defender el liberalismo desde principios éticos sino utilitaristas, individualistas y del beneficio propio. Así, en La riqueza de las naciones, de Adam Smith, se puede leer: «No es de la benevolencia del carnicero, cervecero o panadero de donde obtendremos nuestra cena, sino de su preocupación de sus propios intereses». La Escuela de Viena lucha ardorosamente en el debate de las ideas económicas frente al socialismo, es partidaria de dar la batalla cultural o intelectual en el campo de las ideas, y en esta batalla con los argumentos tradicionales de los liberales no se sentían cómodos. Es necesario no sólo argumentar con datos estadísticos sino con razones éticas y de justicia, y aquí aparecen los economistas españoles de la Escuela de Salamanca, con la excelsa figura de Juan de Mariana. El liberalismo no es superior sólo por sus incontestables datos sino porque además es capaz de crear riqueza y distribuirla por sí mismo, espontáneamente, gracias a la libertad creadora, que es una libertad dirigida en favor de los demás. Es por tanto una libertad misericordiosa, cuya consecuencia será la penalización del capital no innovador por aplicación de los costes de obsolescencia; y como consecuencia de la innovación se provocará la maximización del valor añadido social que proporciona internamente, por sí sola, la economía liberal de mercado. Es un relato de creación de riqueza desde la libertad, el bien común, la misericordia y la justicia social.

VI. La justicia social o la Doctrina Social de la Iglesia no son incompatibles con la economía liberal de mercado; al contrario, son parte fundamental de su dinámica interna. La Doctrina Social de la Iglesia no es exclusiva del intervencionismo estatal, al contrario, en la mayoría de los casos es consecuencia de la libertad creadora y espontanea de la sociedad liberal y de la capacidad de los empresarios al incorporarla al sistema productivo. Debe haber un entendimiento y no un enfrentamiento entre los que patrocinan la justicia social y el liberalismo, tal vez no hablen de cosas tan distintas. Los anti liberales «sociales» deben ser capaces de comprender el funcionamiento del sistema liberal con innovaciones constantes. Y los liberales extremos deben ser capaces de comprender que la misericordia es un valor irrenunciable y que es esencia propia del sistema liberal.

VII. La economía de mercado liberal no busca maximizar el beneficio individual del empresario o capitalista; al contrario, maximiza directamente el beneficio social o valor añadido. Únicamente el empresario que sea capaz de maximizar el beneficio social podrá obtener una renta residual o beneficio privado. El empresario que busque maximizar su beneficio privado será expulsado por el propio mercado al no contabilizar correctamente la obsolescencia. El beneficio privado es un concepto jurídico, pero no económico, al menos en una economía liberal de mercado. Es una libertad cuyo motor es innovar y dar servicio a los demás.

VIII. La obsolescencia, palabra mal utilizada muchas veces tanto por economistas como por no economistas, la definimos como el castigo que sufre el empresario por no ser capaz de incorporar todavía las últimas innovaciones a su proceso productivo. Este castigo o coste, si no está bien contabilizado, provocará su expulsión del mercado en favor de las empresas innovadoras que permitan pagar mayores sueldos, alquileres, intereses e impuestos, satisfaciendo mejor las necesidades de los clientes. Este proceso hará que sólo sobrevivan las empresas no que maximicen su beneficio individual sino el valor añadido social: sueldos, intereses, alquileres, impuestos, seguridad social, beneficio residual.

IX. La innovación produce el big-bang: la explosión mediante el reparto de la riqueza, que tiene su causa en el orden interno del liberalismo como consecuencia de las continuas innovaciones. Haciendo de la libertad una riqueza a compartir. Proponemos el ARVA y el TARVA como indicadores analíticos para la selección de las inversiones en este modelo de maximización del Valor Añadido Social en una economía libre con innovaciones.

X. Finalmente, creo que el catolicismo no funda el liberalismo, pero sí me atrevo a afirmar que el liberalismo tiene sus raíces profundas en el catolicismo, tal vez mucho más de los que unos y otros creen. Esta afirmación nos debe llevar a la alegría y la gratitud porque sin duda son los dos pensamientos que mayor y mejor trascendencia han tenido para nuestra civilización. Los que más han hecho progresar al ser humano económicamente y, más importante todavía, en dignidad y, si somos creyentes, como hijos de Dios. Sirvan estas líneas para que seamos capaces de defender a las dos de sus enemigos, que son muchos y poderosos. Seamos valientes y libres como Juan de Mariana, frente a los poderosos.

CODA FINAL

Quiero terminar con unas palabras de gratitud, alegría, y esperanza por ser la libertad abierta a los demás el bien más preciado que Dios ha regalado a los hombres. La libertad nos dignificará como personas, nos hará mejores, nos regalará la prosperidad y nos llevará a Dios.

Gratitud a todas las personas que han sabido renunciar a sí mismos por un fin más elevado: la libertad de los otros, la libertad de todos. La libertad es un bien valioso y efímero que se intuye, pero se nos escapa, gratuito y apreciado a la vez, al alcance de todos y de nadie, solución y problema, caricia y herida; se comprende con la razón y se alcanza con la fe, es la verdad compleja de la existencia humana. La libertad es el reto de este siglo, de los pasados y los venideros. Es la razón y el motor de nuestra existencia y nuestro vínculo con la divinidad. Gracias a la libertad y a todos los que la defienden. Gracias, de corazón.

Alegría por ser libres, por haber encontrado la razón de nuestra existencia, que es nuestro vínculo con el Dios de Jesús. Gratitud porque la libertad es el anhelo humano que Dios ha inscrito en nuestras entrañas profundas para hacer del mundo un lugar más confortable para la convivencia. La defensa de la libertad, si se entiende desde la gratitud y la alegría, tendrá una fuerza invencible.

Orgullo porque la libertad es defendida de la mejor forma posible desde el cristianismo, en concreto desde el catolicismo, que ha proporcionado cobertura ética y moral para el desarrollo del sistema económico de la civilización occidental, basado en la libertad, la ley, la democracia y la misericordia; que ha proporcionado el mayor grado conocido de desarrollo y prosperidad económica.

Se puede ser liberal sin tener fe, pero no sin confianza en la libertad humana, para los creyentes la confianza en Dios, la fe, nos lleva a apostar por la causa de la libertad como misión para hacer visible el plan de Dios en el mundo como seguidores de Jesucristo. Los liberales católicos soñamos con que la libertad para los demás terminará abriéndose camino y triunfará porque está inspirada en el Dios amor, que pintó la libertad humana con color de misericordia, lo que nos hará vivir nuestras convicciones liberales desde la esperanza, la confianza, el optimismo y la gratitud.

Finalmente, esperanza en que la defensa de la libertad y sus consecuencias morales y económicas, con independencia de la fe, se abrirán camino en las zonas del mundo donde la pobreza, el caos social y los abusos de poder impiden que lleguen allí la libertad y la prosperidad. Tengamos confianza, esperanza, fe y tesón en que estas situaciones se reviertan.

En definitiva, podemos afirmar con gratitud, alegría, orgullo y esperanza que *sí, somos católicos y liberales*. VIVA LA LIBERTAD MISERICORDIOSA.

***

ALGUNAS REFERENCIAS BIBLIOGRÁFICAS

BALMES, Jaime (1949): «Verdadera idea del valor o reflexiones sobre el origen, naturaleza y variedad de los precios», en Id., *Obras completas* (Vol. 5), Madrid, Biblioteca de Autores Cristianos, pp. 615-624.

BELTRÁN FLÓREZ, Lucas (1987): «Estudio introductorio», en J. de Mariana, *Tratado y discurso sobre la moneda de vellón*, Madrid, Instituto de Estudios Fiscales, pp. 7-24.

BELTRÁN FLÓREZ, Lucas (2002): «El Padre Juan de Mariana», *La Ilustración Liberal: revista española y americana*, núm. 11, pp. 120-131. Disponible en: https://www.clublibertaddigital.com/ilustracion-liberal/11/

FERNÁNDEZ DE LA MORA, Gonzalo (1993): «El Proceso del Padre Mariana», *Anales de la Real Academia de Ciencias Morales y Políticas*, núm. 70, pp. 221-268. También en *Revista de Estudios Políticos*, núm. 79, pp. 47-99 («El Proceso contra el Padre Mariana») Disponible en: https://www.cepc.gob.es/sites/default/files/2021-12/16786repne079056.pdf

HAYEK, Friedrich A. (2014). «La pretensión del conocimiento» (Discurso pronunciado en Estocolmo, con motivo de la recepción del Premio Nobel de Economía, en diciembre de 1974), *Procesos de Mercado: Revista Europea de Economía Política*, vol. XI, núm. 1, pp. 437-450. Disponible en: https://www.procesosdemercado.com/index.php/inicio/article/view/541/614

HAYEK, Friedrich A. (2019): *Los Fundamentos de la Libertad*, Madrid, Unión Editorial.

HUERTA DE SOTO, Jesús (2022): «Juan de Mariana y los Escolásticos españoles», en Id., *Nuevos estudios de economía política* (3ª ed.), Madrid, Unión Editorial, pp. 249-261. Disponible en: https://www.jesushuertadesoto.com/libros/libros-en-espanol/lecturas-de-economia/

Juan Pablo II (1993): *Veritatis Splendor* (Carta encíclica sobre algunas cuestiones fundamentales de la enseñanza moral de la Iglesia). Disponible en: https://www.vatican.va/content/john-paul-ii/es/encyclicals/documents/hf_jp-ii_enc_06081993_veritatis-splendor.html

Keynes, John Maynard (1998): *Teoría general del empleo, el interés y el dinero*, Madrid, Ediciones Aosta.

Leach Albert, Federico (1986): *La eficacia del capital: Los intereses y las amortizaciones en una economía dinámica*, Zaragoza, Librería General.

Leach Albert, Federico (1995): *Contabilidad analítica de costes* (2ª ed., revisada y ampliada), Zaragoza, Librería General.

Leach Albert, Federico (2017): *Iniciación a la economía* (3ª ed., revisada por Luis Ignacio Leach Ros), Zaragoza, Ed. Autor.

Mariana, Juan de (1768): *Discurso sobre las enfermedades de la Compañía*, Imprenta de Don Gabriel Ramírez. Disponible en: https://minerva.usc.es/xmlui/handle/10347/1425

Mariana, Juan de (2017): *Tratado y discurso sobre la moneda de vellón*, Barcelona, Instituto Juan de Mariana / Ediciones Deusto.

Mariana, Juan de (2018): *Del rey y de la institución real*, Barcelona, Instituto Juan de Mariana / Ediciones Deusto.

Milei, Javier G. (2024): «Discurso en el Foro de Davos» (Discurso especial pronunciado por Javier Milei el 17 enero 2024 ante los miembros del Foro Económico Mundial de Davos). Disponible en: https://es.weforum.org/agenda/2024/01/davos-2024-discurso-especial-de-javier-milei-presidente-de-argentina/

Rodríguez Braun, Carlos, & Rallo, Juan Ramón (2011): *El liberalismo no es pecado. La economía en cinco lecciones*, Barcelona, Ediciones Deusto.

SMITH, Adam (2011): *La riqueza de las naciones*, trad. C. Rodríguez Braun, Madrid, Alianza Editorial.

SMITH, Adam (2013): *Teoría de los sentimientos morales*, trad. C. Rodríguez Braun, Madrid, Alianza Editorial.

VON MISES, Ludwig (2011): *La acción humana*, Madrid, Unión Editorial.

(*) Además de la bibliografía reseñada, puede resultar de interés la consulta de diversas reflexiones, comentarios y conferencias que pueden encontrarse en internet (YouTube), especialmente en los canales del Instituto Juan de Mariana, conferencias de Carlos Rodríguez Braun, canal de Juan Ramón Rallo y al canal de Jesús Huerta de Soto.

COLECCIÓN

ARGUMENTOS

Sibirana
EDICIONES

CATOLICISMO Y LIBERALISMO ECONÓMICO

EN RECUERDO DE JUAN DE MARIANA SJ

Sibirana
EDICIONES